Collins

Coffee
Break

Book
2

Crosswords

200 quick crossword puzzles

Published by Collins
An imprint of HarperCollins Publishers

HarperCollins Publishers
Westerhill Road
Bishopbriggs
Glasgow G64 2QT
www.harpercollins.co.uk

10 9 8 7 6 5 4 3 2

© HarperCollins Publishers 2019

All puzzles supplied by Clarity Media

ISBN 978-0-00-832393-6

Printed and bound by CPI Group (UK) Ltd, Croydon CR0 4YY

The contents of this publication are believed correct at the time of printing. Nevertheless the
publisher can accept no responsibility for errors or omissions, changes in the detail given or for
any expense or loss thereby caused.

A catalogue record for this book is available from the British Library.

If you would like to comment on any aspect of this book, please contact us at the given address
or online.
E-mail: puzzles@harpercollins.co.uk

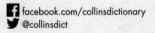 facebook.com/collinsdictionary
@collinsdict

CROSSWORD PUZZLES

PUZZLE 1

Across

1 Recess (4)
3 Relating to sound (8)
9 Dull (7)
10 Once more (5)
11 More recent (5)
12 Tomato sauce (7)
13 Growls (6)
15 Unit of astronomical length (6)
17 Gives up one's job (7)
18 Trunk of the body (5)
20 Speed music is played at (5)
21 Puts money into a venture (7)
22 Plan anew (8)
23 Address a deity (4)

Down

1 Person performing official duties (13)
2 Strong fibrous tissue (5)
4 Verifies (6)
5 Ugly (12)
6 Instructs (7)
7 Prominently (13)
8 Blasphemous (12)
14 Taken as true (7)
16 Putting a question to (6)
19 Vertical part of a step (5)

PUZZLE 2

Across

1 Makes spick and span (6)
7 State of Australia (8)
8 Close-fitting hat (3)
9 Statue base (6)
10 Sink (anag.) (4)
11 Mournful poem (5)
13 Shine like a star (7)
15 Acutely (7)
17 Wounding remarks (5)
21 Fit of petty annoyance (4)
22 Sculptor (6)
23 Very cold; slippery (3)
24 Totally uninformed (8)
25 Put on a production (6)

Down

1 Equipment for fishing (6)
2 Mottled marking (6)
3 Supply sparingly; sandpiper (5)
4 Shuns (7)
5 Large Spanish estate (8)
6 Five cent coin (US) (6)
12 Animals with long necks (8)
14 Slowly moving mass of ice (7)
16 Occurring every sixty minutes (6)
18 Very enthusiastic (6)
19 Moved back and forth (6)
20 Annoyed (5)

PUZZLE 3

Across

1 Unit of length (4)
3 Chew cud (8)
9 Daft (7)
10 Browned bread (5)
11 And not (3)
12 Cuban folk dance (5)
13 Birds lay their eggs in these (5)
15 Set of moral principles (5)
17 Pertaining to sound (5)
18 Fluffy scarf (3)
19 Mediterranean island (5)
20 Flower shop (7)
21 Scope for freedom (8)
22 Doubtful (4)

Down

1 Extremely small (13)
2 Group of singers (5)
4 Rhesus (anag.) (6)
5 Junction (12)
6 Shocked (7)
7 Wastefully; lavishly (13)
8 Germicide (12)
14 Sleeveless garment (7)
16 Gave out loud puffs of air (6)
18 Short and sweet (5)

PUZZLE 4

Across

1 Challenge (4)
3 Reduction in price (8)
9 Rank in the forces (7)
10 Male relation (5)
11 Regardless of (12)
14 Finish (3)
16 Bring together (5)
17 Cereal plant (3)
18 Laudatory (12)
21 Remove errors from software (5)
22 Candidly (7)
23 All people (8)
24 Grasp (4)

Down

1 Swindler (8)
2 Measuring stick (5)
4 Unwell (3)
5 Female fellow national (12)
6 Reveal (7)
7 Row or level of a structure (4)
8 Modestly (12)
12 Expulsion from a country (5)
13 Naive or sentimental (4-4)
15 Very long lasting (7)
19 Capital of Japan (5)
20 Corner (4)
22 Enjoyable (3)

PUZZLE 5

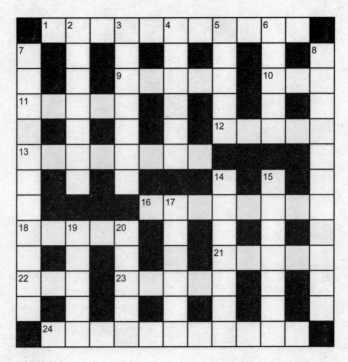

Across

1. Ill manners (11)
9. Ascends (5)
10. Seventh Greek letter (3)
11. Surface upon which one walks (5)
12. Linear measures of three feet (5)
13. Competitions (8)
16. Machines (8)
18. Stove (anag.) (5)
21. A satellite of Uranus (5)
22. SI unit of illuminance (3)
23. Obtain information from various sources (5)
24. Basically (11)

Down

2. Seize and take legal custody of (7)
3. Hot-tasting food dishes (7)
4. Cause to fall from a horse (6)
5. Petulant (5)
6. Besmirch (5)
7. For all practical purposes (11)
8. Spongy item of confectionery (11)
14. A rich mine; big prize (7)
15. Pertaining to matrimony (7)
17. Turbulence (6)
19. State of the USA (5)
20. Smooth transition (5)

PUZZLE 6

Across

1 Wedge to keep an entrance open (8)
5 US state (4)
8 Unwarranted (5)
9 Ungrateful person (7)
10 Flexible (7)
12 The Netherlands (7)
14 Simian (7)
16 Expeditions to observe animals (7)
18 Govern badly (7)
19 Sweeping implement (5)
20 Short letter (4)
21 Sample for medical testing (8)

Down

1 Spread clumsily on a surface (4)
2 Trying experience (6)
3 Observer (9)
4 Thought; supposed (6)
6 Card game similar to whist (6)
7 Defeated (8)
11 Occurring in the absence of oxygen (9)
12 Male riders (8)
13 Compensate for (6)
14 Not awake (6)
15 Impart knowledge (6)
17 Portent (4)

PUZZLE 7

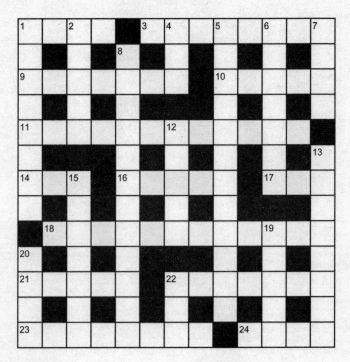

Across

1 Stub (anag.) (4)
3 Scholarly (8)
9 Flatter (7)
10 Distinctive design (5)
11 Underground (12)
14 Road vehicle (3)
16 Clod of turf (5)
17 Popular beverage (3)
18 Aversion to change (12)
21 Coarse twilled cotton fabric (5)
22 Adolescent (7)
23 Building examiner (8)
24 Charges (4)

Down

1 Cut across (8)
2 Promotional wording (5)
4 Support for a golf ball (3)
5 Showed (12)
6 Social reject (7)
7 Not hard (4)
8 Children's toy (12)
12 Wanderer (5)
13 Composure (8)
15 More spacious (7)
19 Angry (5)
20 Playing cards (4)
22 One and one (3)

PUZZLE 8

Across

1 Repetition of a sound (4)
3 Gigantic statue (8)
9 Free a ship from her moorings (4,3)
10 Puff on a cigarette (5)
11 North American nation (abbrev.) (3)
12 Undo (5)
13 Opposite one of two (5)
15 Ladies (5)
17 Fill with high spirits (5)
18 Bite sharply (3)
19 Be the same as (5)
20 Of the stomach (7)
21 Educators (8)
22 Raised area of skin (4)

Down

1 Expression of approval (13)
2 Plantain lily (5)
4 Aloof (6)
5 Obfuscation (12)
6 Screamed (7)
7 Lacking originality (13)
8 A grouping of states (12)
14 Kitchen implement (7)
16 Act of union (6)
18 Boldness; courage (5)

PUZZLE 9

Across

1 Dissimilarities (11)
9 Staple (5)
10 Mock (3)
11 More delicate (5)
12 Military blockade (5)
13 Assign (8)
16 Unable to discern musical pitch (4-4)
18 Change; modify (5)
21 Reel for winding yarn (5)
22 Fall behind (3)
23 Stand up (5)
24 Science of communications in living things and machines (11)

Down

2 Fatuously (7)
3 Textiles (7)
4 Be aggrieved by (6)
5 Narrow pieces of land (5)
6 Avoid (5)
7 Combustible (11)
8 Dishonestly (11)
14 Sweet course (7)
15 Type of respiration (7)
17 Choice (6)
19 Annoyed (5)
20 Make fun of someone (5)

PUZZLE 10

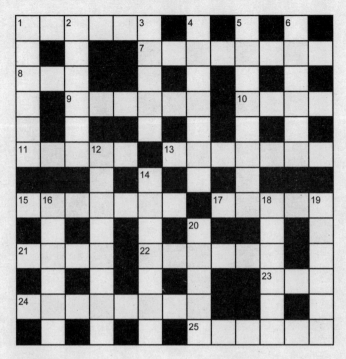

Across

1 Archimedes' famous cry (6)
7 Petty quarrel (8)
8 Not on (3)
9 Towels (anag.) (6)
10 Bone of the forearm (4)
11 Teams (5)
13 Direct an orchestra (7)
15 Type of conference (7)
17 Graceful young woman (5)
21 Run at a moderate pace (4)
22 Middle Eastern language (6)
23 Small viper (3)
24 Midday (8)
25 Deleted (6)

Down

1 Calls to mind (6)
2 Kicked or hit hard (6)
3 Put a question to (5)
4 Disturbance; commotion (7)
5 Ridiculously (8)
6 Medical treatment place (6)
12 Removing from the premises (8)
14 Extreme enthusiast (7)
16 Implant deeply (6)
18 Residents of an area (6)
19 Jumped on one leg (6)
20 Recipient of money (5)

PUZZLE 11

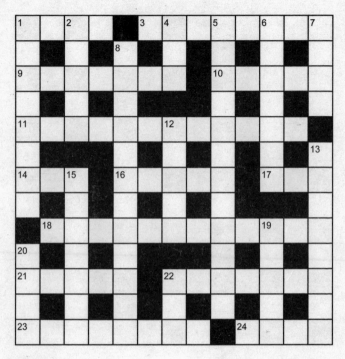

Across

1 Destiny (4)
3 Winch (8)
9 Cost (7)
10 Hides (5)
11 Unhappy (12)
14 Title of a married woman (3)
16 Impress on paper (5)
17 Long period of time (3)
18 Mapmaker (12)
21 Feign (3,2)
22 Bishop's jurisdiction (7)
23 Evacuating (8)
24 Employs (4)

Down

1 Liberties (8)
2 Records (5)
4 Frozen water (3)
5 One who takes part in a protest (12)
6 Severely simple (7)
7 Cloth worn around the waist (4)
8 Ineptness (12)
12 Making a knot in (5)
13 People who shape horseshoes (8)
15 Process of setting something in motion (5-2)
19 Listens to (5)
20 Fencing sword (4)
22 Secret retreat (3)

PUZZLE 12

Across

1 Speed relative to sound (4)
3 Made better (8)
9 Migratory grasshoppers (7)
10 Solemn promises (5)
11 Signal for action (3)
12 Happen (5)
13 Assisted (5)
15 Wrong (anag.) (5)
17 Portion of a play (5)
18 Fantastical creature (3)
19 Follow on (5)
20 Newtlike salamander (7)
21 Beginning (8)
22 Extremely (4)

Down

1 Spite (13)
2 Hidden storage space (5)
4 Misdirected (6)
5 Evergreen shrub (12)
6 Residence of the Pope (7)
7 Suspiciously (13)
8 Separation; alienation (12)
14 Part of the ocean (4-3)
16 Get hold of (6)
18 Run away with a lover (5)

PUZZLE 13

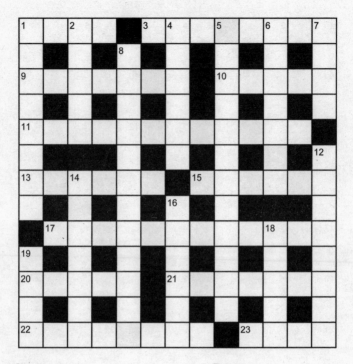

Across

1 Flying mammals (4)
3 Mountainous region (8)
9 Make more sugary (7)
10 Ways or tracks (5)
11 Wearing glasses (12)
13 Repudiate (6)
15 Gaseous envelope of the sun (6)
17 Environment (12)
20 Unbuttoned (5)
21 Stupid (7)
22 Showering with liquid (8)
23 Dejected (4)

Down

1 Meddlesome person (8)
2 Youngsters aged from 13 - 19 (5)
4 Inborn (6)
5 Valetudinarianism (12)
6 Decorative style of design (3,4)
7 Shallow food container (4)
8 Preternatural (12)
12 Pepper plant (8)
14 Shake (7)
16 Swelling on the big toe (6)
18 Pertaining to birth (5)
19 Sprints (4)

PUZZLE 14

Across

1 Domestic felines (4)
3 Obsession (8)
9 Took small bites out of (7)
10 Thorax (5)
11 Tests (5)
12 The Windy City (7)
13 Emotional shock (6)
15 Swiss city (6)
17 Play havoc with (7)
18 Musical speeds (5)
20 Our planet (5)
21 Juicy soft fruit (7)
22 Burning (8)
23 Mineral powder (4)

Down

1 Satisfaction (13)
2 Leg bone (5)
4 Bring about (6)
5 Practice of designing buildings (12)
6 Do repeatedly (7)
7 Patriotic (13)
8 Reticent and secretive (12)
14 European country (7)
16 Stress; pull a muscle (6)
19 Variety of coffee (5)

PUZZLE 15

Across

1 Remember (6)
4 What a spider makes (6)
9 Kind of whisky (7)
10 Therein (anag.) (7)
11 Gives out (5)
12 Strong currents of air (5)
14 Baking appliances (5)
15 Assists in a crime (5)
17 Suit (5)
18 Mexican spirit (7)
20 Embryonic root (7)
21 Fashions (6)
22 Entertained (6)

Down

1 Stole from (6)
2 Vessel for molten metal (8)
3 Parts of the cerebrum (5)
5 Day trips (7)
6 Cleanse (4)
7 Promotional book
  descriptions (6)
8 Needless (11)
13 Emerges from water (8)
14 Small bone (7)
15 Thespians (6)
16 Be present at (6)
17 Darken (5)
19 Wharf (4)

PUZZLE 16

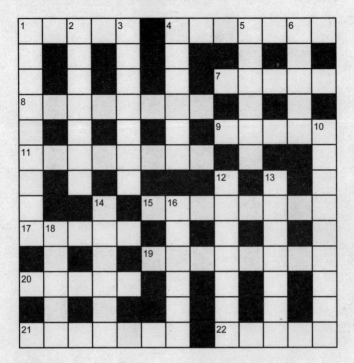

Across

1 Waterslide (5)
4 Things that evoke reactions (7)
7 In the company of (5)
8 Cigars (8)
9 Becomes worn at the edges (5)
11 Steer (8)
15 Person who sees something (8)
17 Abominable snowmen (5)
19 Choosing from various sources (8)
20 Colossus (5)
21 Adopt or support a cause (7)
22 Religious doctrine (5)

Down

1 Use of deception to achieve a goal (9)
2 Lift up (7)
3 Swell with fluid (7)
4 Group of seven (6)
5 Recollection (6)
6 Tall and thin (5)
10 Increase rapidly (9)
12 Young hare (7)
13 Enthusiastic reception (7)
14 Emperor of Japan (6)
16 Part of a belt (6)
18 Amends (5)

PUZZLE 17

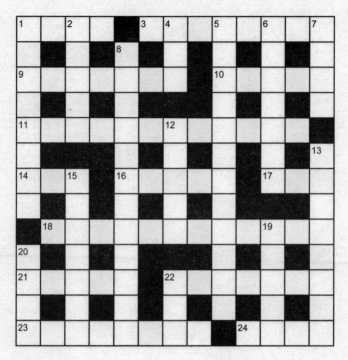

Across

1 Animals that oink (4)
3 Insect trap (8)
9 Horizontal underground stem (7)
10 Possessed (5)
11 Unnecessarily careful (12)
14 Deranged (3)
16 Admirable (5)
17 At this moment (3)
18 Terrified or extremely shocked (6-6)
21 Wild animal; monster (5)
22 Language spoken in Rome (7)
23 Rank or status (8)
24 Transmit (4)

Down

1 Acts in a play (8)
2 Move effortlessly through air (5)
4 Untruth (3)
5 Fortunate; opportune (12)
6 Flightless seabird (7)
7 Clarets (4)
8 Intense (12)
12 Brown earth pigment (5)
13 Woke up (8)
15 Small-scale model (7)
19 Join together (5)
20 Falls back (4)
22 Charged particle (3)

PUZZLE 18

Across

1 Safe (6)
4 Representatives (6)
9 Fall back (7)
10 A child beginning to walk (7)
11 Delicious (5)
12 Parts in a play (5)
14 Pains (5)
15 Assumed name (5)
17 Tailored fold (5)
18 Chaser (7)
20 Aperture or hole (7)
21 Spirited horses (6)
22 Slows down (6)

Down

1 Flower arrangements (6)
2 Squid dish (8)
3 Make good on a debt (5)
5 Flying vehicles without engines (7)
6 Christmas (4)
7 Predatory marine fish (pl.) (6)
8 Triangular pyramid (11)
13 Humorous verse (8)
14 Confident (7)
15 Popular round fruits (6)
16 Throes (anag.) (6)
17 Earlier (5)
19 Dominion (4)

PUZZLE 19

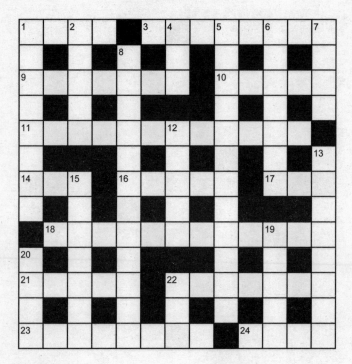

Across

1 Closing section of music (4)
3 Clearly defined area (8)
9 Felt embarrassment inwardly (7)
10 Wanderer (5)
11 Blends; mixtures (12)
14 Tree of the genus Quercus (3)
16 Deprive of weapons (5)
17 Slippery fish (3)
18 Scornful (12)
21 Less moist (5)
22 Stimulate a reaction (7)
23 Stone of great size (8)
24 Chances of winning (4)

Down

1 Dawn (8)
2 Belief in a god or gods (5)
4 Relieve or free from (3)
5 Verification (12)
6 Person proposed for office (7)
7 Clean up (4)
8 Relating to farming (12)
12 Warning sound (5)
13 Groups of similar things (8)
15 Done in full awareness (7)
19 Egg-shaped solid (5)
20 First man (4)
22 Cooking utensil (3)

PUZZLE 20

Across

1 Happen simultaneously (8)
5 Moved quickly (4)
8 Golf shots (5)
9 Schedule of activities (7)
10 Tiresome (7)
12 Stinging plants (7)
14 Things done (7)
16 Postponed (7)
18 Catch fire (7)
19 Furnish or supply (5)
20 Current of air (4)
21 Stationery devices (8)

Down

1 Hats; protective lids (4)
2 Purpose (6)
3 Study of the origins of the universe (9)
4 Repositories (6)
6 Portion of time (6)
7 Capital of Syria (8)
11 Very inexpensive (4,5)
12 Provoking (8)
13 Fissures (6)
14 Season of the Church year (6)
15 Dull (6)
17 Musical composition (4)

PUZZLE 21

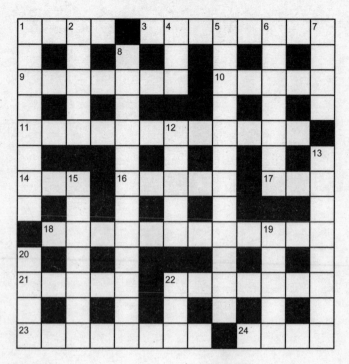

Across

1 Reduces in length (4)
3 Muddled (8)
9 Official instruction (7)
10 Customary practice (5)
11 Lexicons (12)
14 What a spider weaves (3)
16 Sprites (5)
17 21st Greek letter (3)
18 Pungent gas used as a preservative (12)
21 Clay block (5)
22 Suits; turns into (7)
23 Conceptual thinker (8)
24 Leg joint (4)

Down

1 Decline (8)
2 Invigorating medicine (5)
4 Source of a metal (3)
5 Fence closure (anag.) (12)
6 Shock physically (5-2)
7 Profound (4)
8 Skilled joiner (12)
12 Pertaining to warships (5)
13 Person granted a permit (8)
15 Dark red halogen (7)
19 Country in the Arabian peninsula (5)
20 Touch (4)
22 Form of public transport (3)

PUZZLE 22

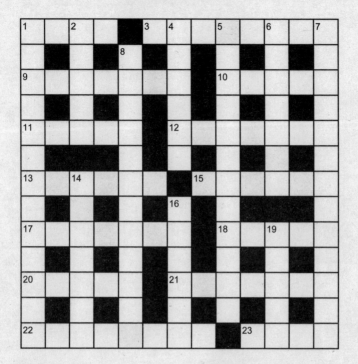

Across

1 Clever remark (4)
3 One who lives through affliction (8)
9 Plants that live a year or less (7)
10 Artificial waterway (5)
11 Rustic (5)
12 Not connected to the internet (7)
13 Living room (6)
15 Calamitous (6)
17 Musical composition (7)
18 Shadow (5)
20 Arrive at (5)
21 Please immensely (7)
22 Resembling a hare (8)
23 Fail to speak clearly (4)

Down

1 Four-sided figure (13)
2 Interior (5)
4 Outcome (6)
5 Vehemently (12)
6 Selling (7)
7 Amusement park ride (6,7)
8 Someone skilled in penmanship (12)
14 Unfasten (7)
16 Toughen (6)
19 Type of bread roll (5)

PUZZLE 23

Across

1 Public houses (4)
3 Create an account deficit (8)
9 Leading (anag.) (7)
10 Show-off (5)
11 Remuneration (3)
12 Skin on top of the head (5)
13 Exams (5)
15 Slopes (5)
17 Pass a rope through (5)
18 Farewell remark (3)
19 Extent (5)
20 Slackens (7)
21 Encrypting (8)
22 Box (4)

Down

1 Not suitable (13)
2 Clamorous (5)
4 Records on tape (6)
5 Reclamation (12)
6 Scoundrels (7)
7 Computer program for writing documents (4,9)
8 Indifferent (12)
14 Sour in taste (7)
16 Large saltwater game fish (6)
18 Short high-pitched tone (5)

PUZZLE 24

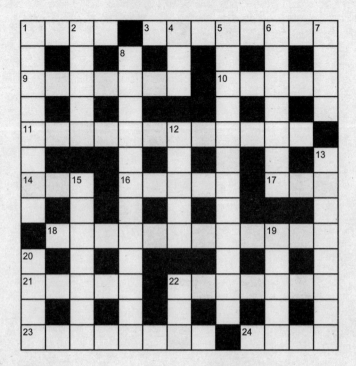

Across

1 Strain (4)
3 Tripped (8)
9 Non-professional (7)
10 Levels; ranks (5)
11 Ancient and old-fashioned (12)
14 Unit of energy (3)
16 Gold block (5)
17 Pair of performers (3)
18 Triumphantly (12)
21 Plentiful (5)
22 Person whose name is not specified (2-3-2)
23 Urgent (8)
24 Welsh emblem (4)

Down

1 Contents of the Mediterranean (8)
2 Extravagant meal (5)
4 Hill (3)
5 Inspiring action (12)
6 On the sheltered side (7)
7 Fine powder (4)
8 Female school boss (12)
12 Beer (5)
13 Exterior of a motor vehicle (8)
15 Quick look (7)
19 Move sideways (5)
20 Breathe convulsively (4)
22 Our star (3)

PUZZLE 25

Across

1. Follow-up (6)
4. Pertaining to vinegar (6)
9. Endurance (7)
10. Making melodious sounds (7)
11. Fashions; styles (5)
12. A finger or toe (5)
14. Ironic metaphor (5)
15. Entrance hallway (5)
17. Small group ruling a country (5)
18. Difficult choice (7)
20. Competitors in a sprint (7)
21. Gossip (6)
22. Cowers (anag.) (6)

Down

1. Plant with oil rich seeds (6)
2. Predicament (8)
3. Long poems derived from ancient tradition (5)
5. Poison (7)
6. Cab (4)
7. Trapped (6)
8. Advance quickly (4-7)
13. Majesty (8)
14. Restrict (7)
15. Move restlessly (6)
16. Capital of Poland (6)
17. Roman god with two faces (5)
19. Unsure where one is (4)

PUZZLE 26

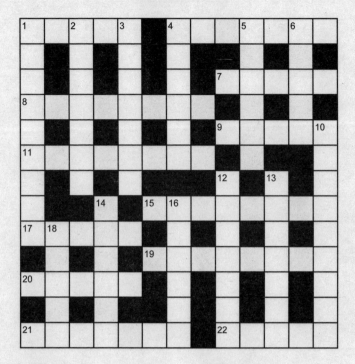

Across

1 Clergyman (5)
4 Approximately (7)
7 Strain (5)
8 Household warming device (8)
9 Composition for a solo instrument (5)
11 Expression of gratitude (5,3)
15 Move to another country (8)
17 More pleasant (5)
19 Climbed (8)
20 Pointed weapon (5)
21 Evidence of disease (7)
22 Waterlogged ground (5)

Down

1 Oscillation (9)
2 Pertaining to the heart (7)
3 Comments (7)
4 Excessively ornate (of literature) (6)
5 Showing courage (6)
6 Cherished (5)
10 Listen secretly to a conversation (9)
12 Having solidified from lava (of rock) (7)
13 Volcanic crater (7)
14 Renovate (6)
16 Building exhibiting objects (6)
18 State indirectly (5)

PUZZLE 27

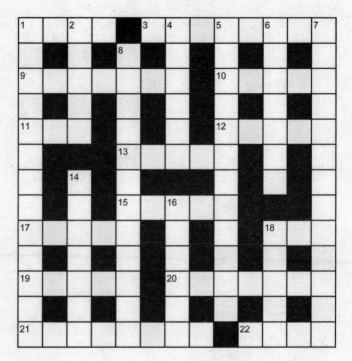

Across

1 Shine (4)
3 Grammatical case (8)
9 Effluence (7)
10 Immature insects (5)
11 Thing that fails to work
    properly (3)
12 Do really well at (5)
13 Freshwater food fish (5)
15 Musical instrument (5)
17 Lived (anag.) (5)
18 Snow runner (3)
19 Spends time doing nothing (5)
20 Desiring what someone else
    has (7)
21 Full measure of a drink (8)
22 Disgust with an excess of
    sweetness (4)

Down

1 Extremely alarming (5-8)
2 Destined (5)
4 Archer (6)
5 Uneasy (12)
6 Impinges upon (7)
7 Eternally (13)
8 Decomposition by a
   current (12)
14 Short story (7)
16 Rich cake (6)
18 Ability (5)

PUZZLE 28

Across

1 One who steers a boat (8)
5 Woodwind instrument (4)
8 Warning noise (5)
9 Ask for (7)
10 Encode (7)
12 Coming from the south (7)
14 Allots (7)
16 Unfurls (7)
18 Steep in (7)
19 Seawater (5)
20 Clothing (4)
21 Starlike symbol (8)

Down

1 Price (4)
2 Ancient Persian king (6)
3 Fantastic (9)
4 Country in the Middle East (6)
6 Farewell remark (3-3)
7 Gives a right to (8)
11 Police officer (9)
12 Citing as evidence (8)
13 Vibration (6)
14 Evaluate (6)
15 Third sign of the zodiac (6)
17 Type of wood (4)

PUZZLE 29

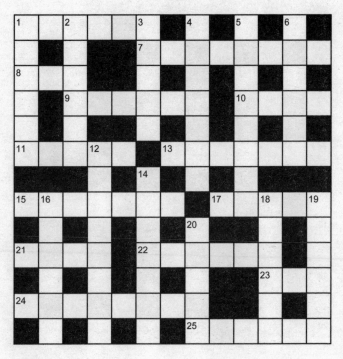

Across

1 Atmospheric phenomenon (6)
7 Desires; cravings (8)
8 Small amount of something (3)
9 Pygmy chimpanzee (6)
10 Covering for the head (4)
11 Units of heredity (5)
13 Treachery (7)
15 Persistent problem (7)
17 Long cloud of smoke (5)
21 Frizzy mass of hair (4)
22 Sea in northern Europe (6)
23 Possess (3)
24 Sheets and pillowcases (8)
25 Pieces of furniture (6)

Down

1 Summing together (6)
2 Decorative strip of fabric (6)
3 Permit (5)
4 Recites as a chant (7)
5 Fitting (8)
6 Ancient or well established (3-3)
12 Steal or misappropriate money (8)
14 Mandible (7)
16 Loan shark (6)
18 Unwind (6)
19 Happenings (6)
20 Gleam; glitter (5)

PUZZLE 30

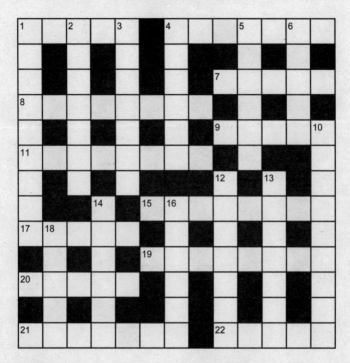

Across

1 Lowed (anag.) (5)
4 Call the validity of a practice into question (7)
7 Active cause (5)
8 An engraved design (8)
9 Held on tightly (5)
11 Science of soil management (8)
15 Stressed (8)
17 Packs of cards (5)
19 Friendly (8)
20 Removes the lid (5)
21 Light-hearted (7)
22 Give up (5)

Down

1 Devoted (9)
2 Occidental (7)
3 Craving (7)
4 Weak through age or illness (6)
5 Nervously (6)
6 Body of rules (5)
10 Heartened (9)
12 Planet (7)
13 Light beard (7)
14 Slender; thin (6)
16 Force to do something (6)
18 Remove from school (5)

PUZZLE 31

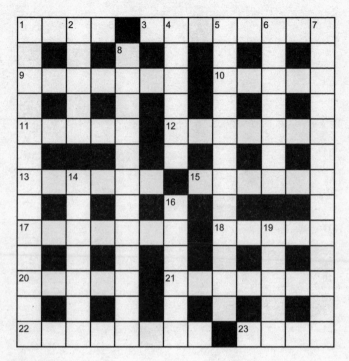

Across

1 Cipher (4)
3 Marriage ceremony (8)
9 Lost (7)
10 Hold on to tightly (5)
11 Smell (5)
12 Least difficult (7)
13 Innate (6)
15 Dwarfed tree (6)
17 Fail to care for (7)
18 With a forward motion (5)
20 Woman getting married (5)
21 Coal miner (7)
22 Elementary negatively charged particle (8)
23 Peruse (4)

Down

1 Friendly (13)
2 Dance club (5)
4 Exhaled audibly (6)
5 Now and then (12)
6 Trembles (7)
7 Given to thievery (5-8)
8 Conflict of opinion (12)
14 Musical instrument (7)
16 Plaster for coating walls (6)
19 Expect; think that (5)

PUZZLE 32

Across

1. Famous street in Manhattan (8)
5. Matures (4)
8. Fixed platform by water (5)
9. Endanger (7)
10. Walks laboriously (7)
12. Out of control (7)
14. e.g. spring and winter (7)
16. Not analogue (7)
18. Country whose capital is Reykjavik (7)
19. Plant secretion (5)
20. Core meaning (4)
21. Makes remote; cuts off (8)

Down

1. Shout loudly; howl (4)
2. By word of mouth (6)
3. Inadequate (9)
4. Fly an aircraft (6)
6. Motor vehicle storage building (6)
7. Spatters with liquid (8)
11. Artificial (9)
12. Dealing with (8)
13. Go out of a place (6)
14. Moves smoothly (6)
15. Beginning (6)
17. Nous (anag.) (4)

PUZZLE 33

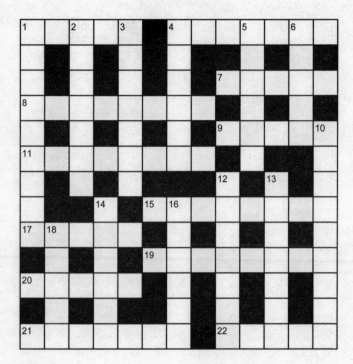

Across

1 Satisfied a desire (5)
4 Fix (7)
7 Flash of light (5)
8 Unwelcome intrusion (8)
9 Tree of the birch family (5)
11 Sparkling (8)
15 Dull (8)
17 Woody-stemmed plant (5)
19 Act of retaliation (8)
20 Explosive devices (5)
21 Broke free from confinement (7)
22 Angry dispute (3-2)

Down

1 Likewise (9)
2 Makes a journey (7)
3 Degree of compactness (7)
4 State of sleep (6)
5 Push over (6)
6 Compel (5)
10 Armed resistance (9)
12 Messenger (7)
13 Seasonal prevailing wind (7)
14 Representation of a plan or theory (6)
16 Took the lid off a jar (6)
18 Individual things (5)

PUZZLE 34

Across

1 Capital of Greece (6)
7 Distance marker in a race (8)
8 Knock vigorously (3)
9 Package (6)
10 Deserve (4)
11 Tips (5)
13 Land depressions (7)
15 Took along (7)
17 Select; formally approve (5)
21 Lyric poems (4)
22 Pleasantly smooth; free from discord (6)
23 Consumed food (3)
24 SE Asian country (8)
25 Attacked at speed (6)

Down

1 Anew (6)
2 Occur (6)
3 Loose overall (5)
4 Blank page in a book (7)
5 Challenged a legal decision (8)
6 Fish-eating bird of prey (6)
12 Day of the week (8)
14 Nightdress (7)
16 Arranged like rays (6)
18 Ahead (6)
19 Hatred (anag.) (6)
20 Pellucid (5)

PUZZLE 35

Across

1 Knuckle of pork (4)
3 Very small African parrot (8)
9 Ignorant of something (7)
10 Recurrent topic (5)
11 Corresponding; proportionate (12)
13 Greatly respect (6)
15 Highly seasoned sausage (6)
17 Emergency touchdown (5-7)
20 Skirmish (5)
21 Mental strain (7)
22 Catastrophe (8)
23 Effigy (4)

Down

1 Hindquarters (8)
2 Appeal (5)
4 Ukrainian port (6)
5 Amusing (12)
6 Reluctance to change (7)
7 Song by two people (4)
8 Failure to act with prudence (12)
12 Line joining corners of a square (8)
14 Reptiles (7)
16 Dress (6)
18 Epic poem ascribed to Homer (5)
19 Among (4)

PUZZLE 36

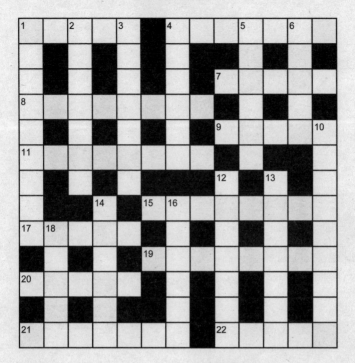

Across

1 Supports (5)
4 Makes ineffective (7)
7 Domestic cat (5)
8 Aromatic plant used in cooking (8)
9 Simple earrings (5)
11 The production and discharge of something (8)
15 Remote; cut off (8)
17 Heavily loaded (5)
19 Yellowish edible seed (8)
20 Rogue; scoundrel (5)
21 Ugly building (7)
22 Detection technology (5)

Down

1 Having two sides (9)
2 Feeling of vexation (7)
3 Least fresh (of food) (7)
4 Papal representative (6)
5 Adjusts (6)
6 Implant (5)
10 Abrasive used for smoothing (9)
12 Burn unsteadily (7)
13 Halted (7)
14 Departs (6)
16 Plan of action (6)
18 Harass; frustrate (5)

PUZZLE 37

Across

1 Heavy fire of artillery (11)
9 Loosen up (5)
10 Came across (3)
11 Change (5)
12 Ski run (5)
13 Loan against a house (8)
16 Capital of Chile (8)
18 Levies; chimes (5)
21 Competes in a speed contest (5)
22 Edge of a cup (3)
23 Secreting organ (5)
24 Stargazers (11)

Down

2 Public speakers (7)
3 Artificial barrier in a watercourse (7)
4 Controlling (6)
5 Confusion (3-2)
6 Titles (5)
7 Consisting of incomplete parts (11)
8 Energetically or vigorously (11)
14 Fame (7)
15 Charmer (anag.) (7)
17 Reach a specified level (6)
19 Walks awkwardly (5)
20 Sweetener (5)

PUZZLE 38

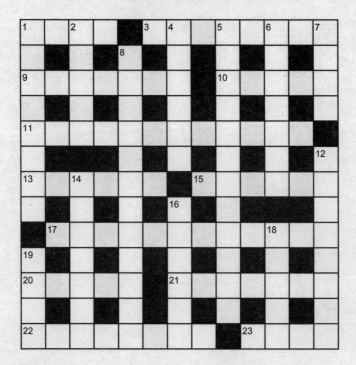

Across

1 Spiciness (4)
3 Thick dark syrup (8)
9 Type of vermouth (7)
10 Swiftness or speed (5)
11 Using letters and numbers (12)
13 Wet (6)
15 Rot or decay (of food) (6)
17 Explanatory (12)
20 Ball of lead (5)
21 Collection of sheets of paper (7)
22 Spread out (8)
23 Adult male deer (4)

Down

1 Formerly Southern Rhodesia (8)
2 Discard; throw away (5)
4 Detestable (6)
5 Accomplishments (12)
6 Japanese dish of raw fish (7)
7 Ooze or leak slowly (4)
8 Unpleasant (12)
12 Canine that herds animals (8)
14 Particular languages (7)
16 Exhausts (6)
18 Data entered into a system (5)
19 Familiar name for a potato (4)

PUZZLE 39

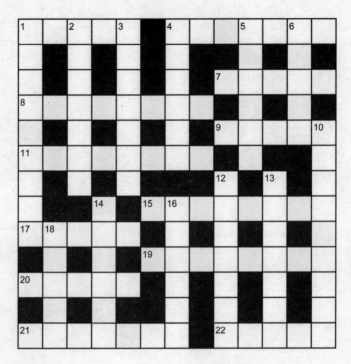

Across

1 Go about stealthily (5)
4 Precis (7)
7 Cuts very short (5)
8 Figure of speech (8)
9 Twisted to one side (5)
11 Slender coiling leaves (8)
15 Taxonomic group (8)
17 Messenger (5)
19 Not inclined to talk (8)
20 Law court official (5)
21 Apparel (7)
22 Singing voices (5)

Down

1 Very basic (9)
2 Driving out (7)
3 Large spotted cat (7)
4 Place of education (6)
5 Bog (6)
6 Indian monetary unit (5)
10 Fatigue (9)
12 Largest anthropoid ape (7)
13 Joined to something (7)
14 Powerful (6)
16 Customary practices (6)
18 Of the nose (5)

PUZZLE 40

Across

1 Killer whale (4)
3 Percussion sound (8)
9 Flotation device in water (7)
10 Unfasten a garment (5)
11 Not staying the same throughout (12)
14 Part of a curve (3)
16 Capital of Vietnam (5)
17 Mineral spring (3)
18 Airing a TV program (12)
21 Established custom (5)
22 Walks like a duck (7)
23 Large metal pot (8)
24 Stringed instrument (4)

Down

1 Musical wind instruments (8)
2 Funny person (5)
4 Fishing pole (3)
5 Hillside (12)
6 Swells (7)
7 Melody (4)
8 Lacking courage (5-7)
12 Type of chemical bond (5)
13 Money given generously (8)
15 Type of deer (7)
19 Embed; type of filling (5)
20 Stylish and fashionable (4)
22 How (anag.) (3)

PUZZLE 41

Across

1 Inventive; creative (8)
5 Tabs (anag.) (4)
8 Striped animal (5)
9 Last longer than (of clothes) (7)
10 Surround with armed forces (7)
12 Virtuoso solo passage (7)
14 Intense (7)
16 Capital of Nicaragua (7)
18 Insignificant (7)
19 Divide in two (5)
20 Floor coverings (4)
21 Yielded (8)

Down

1 Greek spirit (4)
2 Saturated (6)
3 Conjuring up a picture of (9)
4 Single-celled organism (6)
6 Swarmed (6)
7 Saddled with a heavy load (8)
11 Marked; abraded (9)
12 One who travels to work regularly (8)
13 Finishing (6)
14 Visitor to your door (6)
15 Characteristically French (6)
17 Fight off (4)

PUZZLE 42

Across

1 Everything that orbits the sun (5,6)
9 Elector (5)
10 Type of statistical chart (3)
11 e.g. spaghetti (5)
12 Sculptured symbol (5)
13 Physiologically dependent (8)
16 Suave (8)
18 Encounters (5)
21 Film directed by Ridley Scott (5)
22 Arrest (3)
23 Pertaining to birds (5)
24 Youth (11)

Down

2 In the fresh air (7)
3 Progress (7)
4 End a dispute (6)
5 Show indifference with the shoulders (5)
6 Not containing anything (5)
7 Substitute (11)
8 Misleading clues (3,8)
14 Love; genre of fiction (7)
15 Large ocean (7)
17 Morals (6)
19 Receded (5)
20 Will (5)

PUZZLE 43

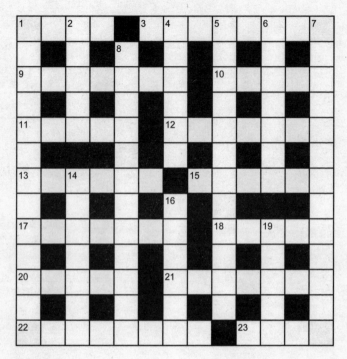

Across

1 Drive away (4)
3 Portable device to keep the rain off (8)
9 Part of a fortification (7)
10 Impress a pattern on (5)
11 Adjusted the pitch of (5)
12 Perfect happiness (7)
13 Bit sharply (6)
15 Within this context (6)
17 Tentacled cephalopod (7)
18 Ballroom dance (5)
20 Track of an animal (5)
21 Set apart (7)
22 Submissive (8)
23 Continent (4)

Down

1 Impulsively (13)
2 Many times (5)
4 Creating (6)
5 Revival of something (12)
6 Foliage (7)
7 The first and the last (5,3,5)
8 Easy-going (4-8)
14 Stalk joining a leaf to a stem (7)
16 Allocate a duty (6)
19 Approaches (5)

PUZZLE 44

Across

1 Person with an appreciation of beauty (8)
5 Quartzlike gem (4)
8 Country in Western Asia (5)
9 Destructive (7)
10 Fugitive (7)
12 Nationalist (7)
14 Changed (7)
16 Ejects a jet of liquid (7)
18 Female spirit (7)
19 Electronic message (5)
20 Sell (anag.) (4)
21 Physically strong and active (8)

Down

1 Too (4)
2 Water ice (6)
3 Star performer (9)
4 Victim (6)
6 On time (6)
7 Diminished (8)
11 Acrobatic revolution (9)
12 Capable of happening (8)
13 Passageway through rock (6)
14 Feature (6)
15 Meal (6)
17 Coalition of countries (4)

PUZZLE 45

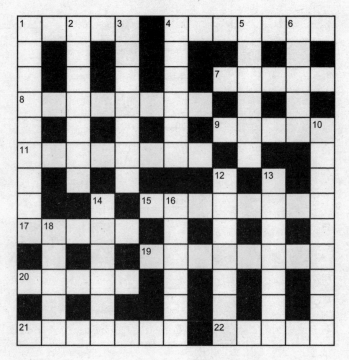

Across

1 Cite (5)
4 Subdivision (7)
7 Verge (5)
8 One who inspires others (8)
9 Targeted (5)
11 Fruit sugar (8)
15 In a refined manner (8)
17 Upper coverings of buildings (5)
19 Regular (8)
20 Stylishness and originality (5)
21 Inflexible and unyielding (7)
22 Given to disclosing secrets (5)

Down

1 Match to get into a tournament (9)
2 Highest mountain in Greece (7)
3 Issue forth (7)
4 Horses (anag.) (6)
5 Oppressively hot (6)
6 Snow leopard (5)
10 Explain or clarify (9)
12 Not level (7)
13 Abuja's country (7)
14 State publicly (6)
16 Sudden (6)
18 Lubricated (5)

PUZZLE 46

Across

1 Group of actors in a show (4)
3 Read out loud (8)
9 Significance (7)
10 Cool and distant (5)
11 Deer (3)
12 Scorch (5)
13 Scoop (5)
15 Baked sweet treats (5)
17 Firearm (5)
18 Division of a play (3)
19 Beast (5)
20 Venetian boat (7)
21 Full of interesting happenings (8)
22 Where you are (4)

Down

1 Measurable by a common standard (13)
2 Light meal (5)
4 Presented the case for (6)
5 Re-evaluation (12)
6 Beat easily (7)
7 Distinguish between (13)
8 Misplaced net (anag.) (12)
14 Spread out (7)
16 Generic term for a martial art (4,2)
18 Home (5)

PUZZLE 47

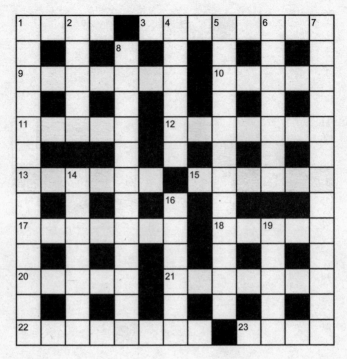

Across

1 Protest march (abbrev.) (4)
3 Wealthy and influential people (8)
9 Persuasive relevance (7)
10 Fruit of the vine (5)
11 Very masculine (5)
12 Wild (of an animal) (7)
13 Large bodies of water (6)
15 State of matter (6)
17 Have a positive impact (7)
18 Distinguishing characteristic (5)
20 Lacking meaning (5)
21 Supervise (7)
22 The decade from 1990 - 1999 (8)
23 Sight organs (4)

Down

1 Decay (13)
2 Supernatural skill (5)
4 Shelter (6)
5 Garments worn in bed (12)
6 Emotional shocks (7)
7 Loyalty in the face of trouble (13)
8 Formal notice (12)
14 Give reasons for (7)
16 On the beach; on land (6)
19 The testing of a metal (5)

PUZZLE 48

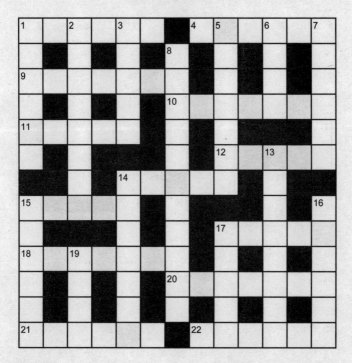

Across

1 Pollutes (6)
4 Takes by force (6)
9 Policeman or woman (7)
10 Citrus fruits (7)
11 Lingers furtively (5)
12 Ellipses (5)
14 From the capital of Italy (5)
15 Flat-bottomed boat (5)
17 Slant (5)
18 Disagreement (7)
20 e.g. hate or joy (7)
21 Large beam (6)
22 Be attractive (6)

Down

1 Mythical monsters (6)
2 Of lower quality (8)
3 Mexican tortilla wraps (5)
5 Treachery (7)
6 Circular band (4)
7 Detects; feels (6)
8 Tolerant in one's views (5-6)
13 Of striking appropriateness (8)
14 Decide firmly (7)
15 Big nod (anag.) (6)
16 Inner part of a seed (6)
17 Exclusive newspaper story (5)
19 Not sweet (4)

PUZZLE 49

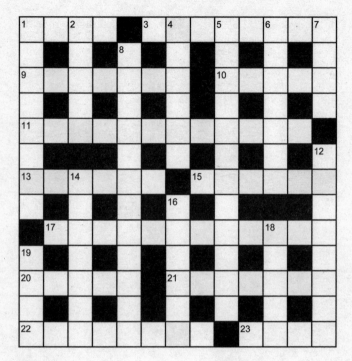

Across

1 Tehran is the capital here (4)
3 Brawny (8)
9 Foot support for a rider (7)
10 Bond or connection (5)
11 Body of voters in a given area (12)
13 Domains (6)
15 Not written in any key (of music) (6)
17 In a sparing manner (12)
20 Sceptic (5)
21 Shoulder blade (7)
22 Perfectly consistent (8)
23 Benefit of a job (4)

Down

1 Lacking confidence (8)
2 Negatively charged ion (5)
4 Self-important; arrogant (6)
5 In accordance with general custom (12)
6 Vocabulary of a person (7)
7 Relax and do little (4)
8 Relating to numeric calculations (12)
12 Reproduce recorded sound (4,4)
14 European country (7)
16 Entertains (6)
18 Food relish (5)
19 Performs on stage (4)

PUZZLE 50

Across

1 Cease to be valid (6)
7 Burns slightly or chars (8)
8 Foot extremity (3)
9 Plant of the parsley family (6)
10 Edible fruit (4)
11 Levies (5)
13 Surpass (7)
15 Digit (7)
17 Nimble (5)
21 Flightless bird (4)
22 Root vegetable (6)
23 What painters create (3)
24 Affecting the emotions (8)
25 Had in common (6)

Down

1 Obtain through intimidation (6)
2 Title placed before a name (6)
3 Dark wood (5)
4 Male witch (7)
5 Leaping over a rope (8)
6 Fillings (6)
12 These come after afternoons (8)
14 Inhabitant of Mars (7)
16 Agreement or concord (6)
18 Make worse (6)
19 Amended (6)
20 Worries (5)

PUZZLE 51

Across

1 Philosophical doctrine (11)
9 Hurled (5)
10 Piece of wood (3)
11 Biter (anag.) (5)
12 Regal (5)
13 Least heavy (8)
16 Thinks about something continually (8)
18 Chasm (5)
21 Bout of extravagant shopping (5)
22 Protective cover (3)
23 Religious acts (5)
24 Irritable (3-8)

Down

2 Final parts of stories (7)
3 Personal belongings (7)
4 Large piles (6)
5 African country whose capital is Niamey (5)
6 Suave and smooth (of a person) (5)
7 Unbearable (11)
8 Quality of being timeless (11)
14 Print anew (7)
15 Assign (7)
17 Small chicken (6)
19 Mountain cry (5)
20 Swagger (5)

PUZZLE 52

Across

1 Burst or break (4)
3 Two-wheeled vehicles (8)
9 Formal speech (7)
10 Nearby (5)
11 Metal container; element (3)
12 Name of a book (5)
13 Lying flat (5)
15 Main artery (5)
17 Speak; total (5)
18 Sharp blow (3)
19 Draw off liquid from (5)
20 Breathing aid in water (7)
21 Gibberish (8)
22 Soft cheese (4)

Down

1 Animal used for heavy work (5,2,6)
2 Carrying chair (5)
4 Building for gambling (6)
5 Destruction (12)
6 Exhilarated (7)
7 25th anniversary celebration (6,7)
8 Re-emergence (12)
14 Learn new skills (7)
16 Cooks in the oven (6)
18 Comedian (5)

PUZZLE 53

Across

1 Exude (6)
4 Descend down a cliff (6)
9 Aspect of one's character perceived by others (7)
10 Creator (anag.) (7)
11 Gate fastener (5)
12 Cinders (5)
14 Large bags (5)
15 Happy; jovial (5)
17 Up and about (5)
18 Island in the West Indies (7)
20 Slender stemlike plant appendage (7)
21 Background actors (6)
22 Academy Awards (6)

Down

1 Gets rid of (6)
2 Predict the future (8)
3 Apathy (5)
5 Yellow fruits (7)
6 Opposite of an entrance (4)
7 Acquires a new skill (6)
8 Take part in (11)
13 Exaggerated emotion (8)
14 Film directed by Stephen Gaghan (7)
15 Puerile; superficial (6)
16 Bores into (6)
17 Female relatives (5)
19 Ditch filled with water (4)

PUZZLE 54

Across

1 Tall vases (4)
3 Where chefs prepare food (8)
9 Prune (3,4)
10 Sound of any kind (5)
11 Made in bulk (4-8)
14 Belonging to us (3)
16 Speculate (5)
17 Turn upside down (3)
18 Process of combining (12)
21 Total disorder (5)
22 Bad-tempered (7)
23 Extravagant fuss (8)
24 Saw; observed (4)

Down

1 Rare (8)
2 Memos (5)
4 Annoy (3)
5 Spanish adventurer (12)
6 Urgent (7)
7 Grain (4)
8 Carefree (5-2-5)
12 Dramatic musical work (5)
13 Fully aware (4-4)
15 Act of getting rid of something (7)
19 Needing to be scratched (5)
20 Freshwater game fish (4)
22 Sticky substance (3)

PUZZLE 55

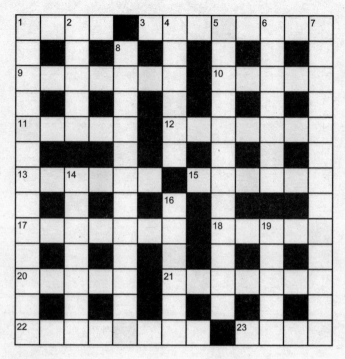

Across

1 Dip into a drink (4)
3 Having pH greater than 7 (8)
9 Consume by fire (7)
10 Increment (5)
11 In the middle of (5)
12 Prodding with the elbow (7)
13 Pasta strip (6)
15 Bangle worn at the top of the foot (6)
17 Prevented (7)
18 Impersonator (5)
20 Lazy person; layabout (5)
21 Musical performance (7)
22 Unnecessary (8)
23 Quarry (4)

Down

1 Instructions provided with a product (13)
2 Titled (5)
4 Hidden (6)
5 Study of the properties of moving air (12)
6 Existing at the beginning (7)
7 Vigorously (13)
8 Agreed upon by several parties (12)
14 Position on top of (7)
16 Loves dearly (6)
19 Usage measuring device (5)

PUZZLE 56

Across

1 Stubborn (11)
9 Regions (5)
10 State of armed conflict (3)
11 Hushed (5)
12 Secret rendezvous (5)
13 People who work with glass (8)
16 Garment worn after a shower (8)
18 Soft juicy fruit (5)
21 Media (anag.) (5)
22 Deep anger (3)
23 Smallest quantity (5)
24 Awfully (11)

Down

2 Pertaining to marriage (7)
3 Let in again (7)
4 Intelligent (6)
5 Valuable thing (5)
6 Humble (5)
7 Sector of a population (11)
8 Fragility (11)
14 Japanese massage technique (7)
15 Existing solely in name (7)
17 Opposite of an acid (6)
19 Good at (5)
20 Common greeting (5)

PUZZLE 57

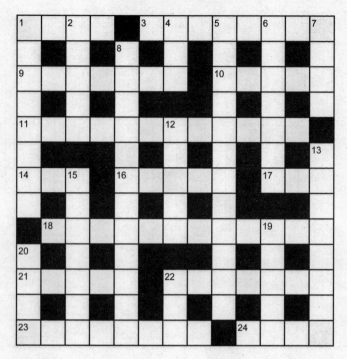

Across

1 Extol (4)
3 Insincere and dishonest (3-5)
9 Insurance calculator (7)
10 Pertaining to the ear (5)
11 Very upsetting (5-7)
14 Long narrow inlet (3)
16 Royal (5)
17 The sound of a dove (3)
18 Advantageous; superior (12)
21 Destiny; fate (5)
22 Unaccompanied musician (7)
23 Desire for food (8)
24 Look at amorously (4)

Down

1 Having a hard or tough texture (8)
2 Extreme (5)
4 Dry and mocking (3)
5 Deceitfully (12)
6 Long-lasting and recurrent (7)
7 Simpleton (4)
8 Unemotional and practical (6-2-4)
12 Keen (5)
13 Game of chance (8)
15 Deliver by parachute (3-4)
19 Cake decoration (5)
20 Gull-like bird (4)
22 Use a chair (3)

PUZZLE 58

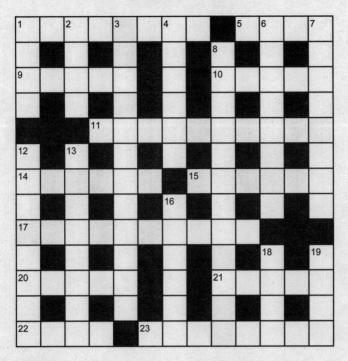

Across

1 Intimidate (8)
5 Strict (4)
9 Rejuvenate (5)
10 Second planet from the sun (5)
11 In a fairly quick tempo (of music) (10)
14 Good luck charm (6)
15 Doze (6)
17 Disastrous (10)
20 Private room on a ship (5)
21 Irritates (5)
22 Right to hold property (4)
23 Made (a noise) less intense (8)

Down

1 Make a hole in; drill (4)
2 Pig noise (4)
3 Total confusion (12)
4 Military forces (6)
6 Action of setting something on fire (8)
7 Inaccurate name (8)
8 Ate excessively (12)
12 Absurd (8)
13 Easily deceived (8)
16 Deny of food (6)
18 Vivacity (4)
19 Sued (anag.) (4)

PUZZLE 59

Across

1 Large burrowing African mammal (8)
5 Tranquil (4)
8 Intense light beam (5)
9 Combatant (7)
10 Renew (7)
12 Defensive wall (7)
14 Continuing (7)
16 Combined metals (7)
18 River of East Africa (7)
19 Solid blow (5)
20 Otherwise (4)
21 Inducing sleep (8)

Down

1 Sail (anag.) (4)
2 Scoundrel (6)
3 Almost; nearly (9)
4 Amend; change (6)
6 Dwells in (6)
7 Walking quickly (8)
11 Lost from memory (9)
12 Greatly impress (8)
13 Ascends (6)
14 Strange thing (6)
15 Offend; affront (6)
17 Long narrative poem (4)

PUZZLE 60

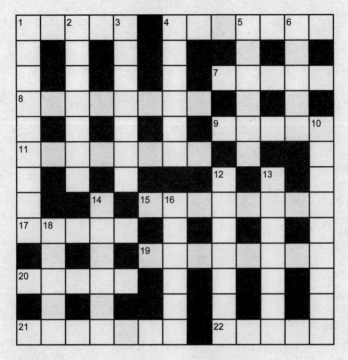

Across

1 Sink; sag (5)
4 Laughable (7)
7 Used up; exhausted (5)
8 Apprehended (8)
9 Large amounts of land (5)
11 Device that sends a rocket into space (8)
15 A Roman emperor (8)
17 Idiotic (5)
19 Mexican pancake (8)
20 Attach (5)
21 Promises (7)
22 Passageway of the nose (5)

Down

1 World you visit when asleep (9)
2 Late (7)
3 Science of matter and energy (7)
4 Move back (6)
5 Effect; force (6)
6 Sudden movement (5)
10 Moves apart (9)
12 Giggles (7)
13 Inherent (of a characteristic) (5-2)
14 Taxed (6)
16 Makes more attractive (6)
18 Bits of meat of low value (5)

PUZZLE 61

Across

1 Strategy (4)
3 Devilry (8)
9 Rise again (7)
10 Higher in place (5)
11 Appear suddenly (3,2)
12 One's mental attitude (7)
13 Urge (6)
15 Small garden building (6)
17 Biting sharply (7)
18 Mythical monster (5)
20 Language of the Romans (5)
21 Played out (7)
22 Expression of praise (8)
23 Dull pain (4)

Down

1 Miscellaneous equipment (13)
2 Greek writer of fables (5)
4 Refrigerator compartment (6)
5 Military judicial body (5,7)
6 Beseech (7)
7 Prescience (13)
8 Commensurate (12)
14 Pertaining to the liver (7)
16 Consented (6)
19 Relating to vision (5)

PUZZLE 62

Across

1 Praise (11)
9 Lead a discussion (5)
10 Pub (3)
11 Pledge (5)
12 Use inefficiently (5)
13 Farewell appearance (8)
16 Long green vegetable (8)
18 Domesticates (5)
21 Remorse (5)
22 Louse egg (3)
23 Higher than (5)
24 Tendency to disintegrate (11)

Down

2 Act of reading carefully (7)
3 Wealthiest (7)
4 Visible warning device (6)
5 Hurled away (5)
6 Leaves out (5)
7 Highly destructive (11)
8 Financial sponsor (11)
14 Medieval cell (7)
15 Evident (7)
17 Unfurl (6)
19 Thing that imparts motion (5)
20 Large group of insects (5)

PUZZLE 63

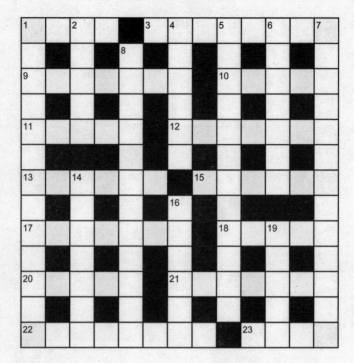

Across

1 Seed containers (4)
3 Truly (8)
9 Ban on trade with a country (7)
10 Foot-operated lever (5)
11 Form of expression (5)
12 Piercing cry (7)
13 Hinder (6)
15 Sacred phrase (6)
17 Formally approved (7)
18 Not illuminated (5)
20 Small body of land (5)
21 Snatched (7)
22 Refer to famous people one knows (4-4)
23 Pottery material (4)

Down

1 e.g. rain or snow (13)
2 One of the United Arab Emirates (5)
4 Musician playing a double-reed instrument (6)
5 Occult (12)
6 Something left over (7)
7 Unenthusiastically (4-9)
8 Planned in advance (12)
14 Dilemma (7)
16 In slow time (of music) (6)
19 Published false statement (5)

PUZZLE 64

Across

1 Next after seventh (6)
4 Small in degree (6)
9 Woody plant (7)
10 Staggered (7)
11 Loose scrums (rugby) (5)
12 Ahead of time (5)
14 Got to one's feet (5)
15 Pointed; acute (5)
17 Intuitive feeling (5)
18 More foolish (7)
20 Exceeds; surpasses (7)
21 Put right (6)
22 Bleach (6)

Down

1 Glowing remains of a fire (6)
2 Eye condition (8)
3 Pipes (5)
5 Found out about (7)
6 Lesion (4)
7 Showy and cheap (6)
8 Restraint (4-7)
13 Water-resistant jacket (8)
14 Marred (7)
15 Female sibling (6)
16 Selected (6)
17 Snag; minor problem (5)
19 Apparatus for weaving (4)

PUZZLE 65

Across

1 Highest class in society (11)
9 Rinse out with water (5)
10 Silent (3)
11 Periods of 60 minutes (5)
12 Waggish (5)
13 Increases rapidly (8)
16 Sliver of wood (8)
18 Monastery church (5)
21 Small heron (5)
22 Partly digested animal food (3)
23 Summed together (5)
24 Unintelligible (11)

Down

2 Reconstruct (7)
3 Official sitting (7)
4 Starting point (6)
5 Angered; irritated (5)
6 Brief appearance (5)
7 Occupancy (11)
8 Makes better (11)
14 Having two feet (7)
15 Works of fiction (7)
17 Forgive (6)
19 Form of identification (5)
20 Long for (5)

PUZZLE 66

Across

1 Abstain from food (4)
3 Frozen dessert (3,5)
9 Varnish (7)
10 Words that identify things (5)
11 Fertile spot in a desert (5)
12 Release (7)
13 Slender candles (6)
15 Measure of electrical current (6)
17 Platform (7)
18 Wireless (5)
20 Oneness (5)
21 Shows indecision (7)
22 Hampered (8)
23 Indolently (4)

Down

1 Continue a stroke in tennis (6,7)
2 Draws into the mouth (5)
4 Body of written texts (6)
5 Bring together into a mass (12)
6 Teach (7)
7 Naughtily (13)
8 Short story or poem for children (7,5)
14 Emotion (7)
16 Smear or blur (6)
19 Extreme fear (5)

PUZZLE 67

Across

1 In the open air (8)
5 Fish (4)
8 Rough version of a document (5)
9 Distributing (7)
10 Piece of furniture (7)
12 Width (7)
14 Mercury alloy (7)
16 Challenges the truth of (7)
18 River in South America (7)
19 Essential (5)
20 Therefore (Latin) (4)
21 Deadlock (5-3)

Down

1 Sums together (4)
2 European country (6)
3 Causing to last longer (9)
4 Settle decisively (6)
6 Workers' groups (6)
7 Very small unit of length (8)
11 Have profits that equal costs (5,4)
12 Male singer (8)
13 Intelligence activity (6)
14 Classify (6)
15 Small cave (6)
17 Musical staff sign (4)

PUZZLE 68

Across

1 Needleworker (11)
9 Discourage (5)
10 Make a living with difficulty (3)
11 Coming after (5)
12 Showered with love (5)
13 Plus points (8)
16 Flowering plant (5,3)
18 Singing voice (5)
21 A sure thing; easy task (5)
22 Lyric poem (3)
23 Russian spirit (5)
24 Devices popular before computers existed (11)

Down

2 Assembly of people (7)
3 Write again (7)
4 Whole (6)
5 Made a mistake (5)
6 Turn inside out (5)
7 Joyful occasion (11)
8 One in charge of a school (4,7)
14 Discourse on a theme (7)
15 Alfresco (4-3)
17 Clock or watch mechanism (6)
19 Destitute (5)
20 Variety show (5)

PUZZLE 69

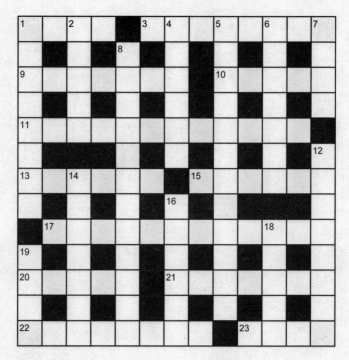

Across

1 Triumphs (4)
3 Highly critical remark (8)
9 Terse (7)
10 Beginning of something (5)
11 Binoculars (5,7)
13 Fix (6)
15 Toxin (6)
17 Uncertain (12)
20 Ascend (5)
21 Serious and sincere (7)
22 Disregards (8)
23 So be it (4)

Down

1 Raging conflagration (8)
2 Mother-of-pearl (5)
4 Fully (6)
5 Long race (5-7)
6 Containers (7)
7 Young children (4)
8 Not allowable (12)
12 Undefeated (8)
14 Cutting back a tree (7)
16 Split into two (6)
18 Greenish-bronze fish (5)
19 Small symbol or graphic (4)

PUZZLE 70

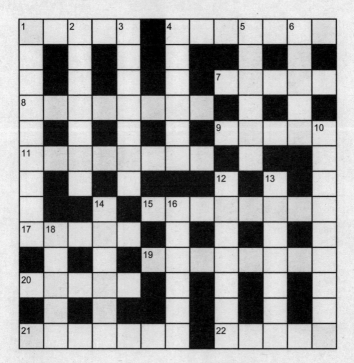

Across

1 Bird sound (5)
4 Two-wheeled vehicle (7)
7 Resay (anag.) (5)
8 Atmospheric gas (8)
9 Small venomous snake (5)
11 Beautiful (8)
15 Thick drink (8)
17 Unpleasant facial expression (5)
19 Comfy seat (8)
20 Happening (5)
21 Republic in South America (7)
22 Wound from a wasp (5)

Down

1 Adolescents (9)
2 Oriental (7)
3 Taught (7)
4 Writing desk (6)
5 Gives in (6)
6 Huge (5)
10 Sending on to another (9)
12 Agrees (7)
13 Italian red wine (7)
14 Country in central Africa (6)
16 A distinguishing symbol; type of pen (6)
18 Relating to a city (5)

PUZZLE 71

Across

1 Insensitivity (11)
9 Cook meat in the oven (5)
10 Be in debt (3)
11 Living thing (5)
12 Microscopic fungus (5)
13 Includes (8)
16 Approximate (8)
18 Sea duck (5)
21 Command (5)
22 Young bear (3)
23 Game fish (5)
24 Fortified defensive position (6,5)

Down

2 Accomplish (7)
3 Chiefly (7)
4 Functional (6)
5 Crazy (5)
6 Minute pore (5)
7 Maintenance (11)
8 Solid figure with five faces (11)
14 Italian dish (7)
15 Give up or surrender something (3,4)
17 Groans (anag.) (6)
19 A payment made (5)
20 Quantitative relation (5)

PUZZLE 72

Across

1 Viciously (8)
5 Bate (anag.) (4)
8 Bodies of water (5)
9 Seriousness (7)
10 Large extinct elephant (7)
12 Loud enough to be heard (7)
14 A dancer or singer (7)
16 Well balanced (of character) (7)
18 Deadlock (7)
19 Use to one's advantage (5)
20 South Asian garment (4)
21 Judges; evaluates (8)

Down

1 Strip of leather worn round the waist (4)
2 Mean (6)
3 Grouped together (9)
4 Bean (6)
6 The boss at a newspaper (6)
7 Not in a specific location (8)
11 Chew (9)
12 Automatons (8)
13 Sweater (6)
14 Venomous snakes (6)
15 Wanders off; drifts (6)
17 Deciduous trees (4)

PUZZLE 73

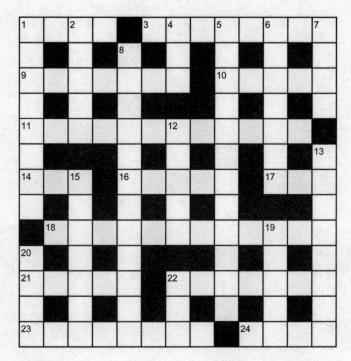

Across

1 Throw a coin in the air (4)
3 Items of clothing (8)
9 Decorated (7)
10 Brazilian dance (5)
11 Creator of film scripts (12)
14 Life force (3)
16 Passage between rows of seats (5)
17 Home for a pig (3)
18 Unkind; unsympathetic (12)
21 Curt; steer (anag.) (5)
22 State of the USA (7)
23 North American diving ducks (8)
24 Cried (4)

Down

1 Conduct business (8)
2 Search thoroughly for (5)
4 Assist (3)
5 Form of deception (12)
6 Fourth book of the Bible (7)
7 Absorbent pad (4)
8 Perform below expectation (12)
12 Smarter (5)
13 Always in a similar role (of an actor) (8)
15 Blanked (7)
19 Brass instrument (5)
20 Heavenly body (4)
22 Wander aimlessly (3)

PUZZLE 74

Across

1 Fit for consumption (6)
4 Climax or culmination (6)
9 In reality; actually (2,5)
10 African country with capital Windhoek (7)
11 e.g. performs karaoke (5)
12 Competed in a speed contest (5)
14 Fop (5)
15 In what place (5)
17 Respected person in a field (5)
18 Incomplete (7)
20 Framework used to support climbing plants (7)
21 Jumble; mix up (6)
22 Book of the Bible (6)

Down

1 Of the greatest age (6)
2 Unending (8)
3 Fastens shut with a key (5)
5 Of first rank (7)
6 Seize (4)
7 Short trip to perform a task (6)
8 All the time (11)
13 Freshwater crustacean (8)
14 Unit of sound intensity (7)
15 Rubbing clean (6)
16 Make beloved (6)
17 Loves uncritically (5)
19 Raise (4)

PUZZLE 75

Across

1 Residents (11)
9 Managed (5)
10 Bleat of a sheep (3)
11 Prohibit (5)
12 At that place; not here (5)
13 Component parts (8)
16 Precipitation (8)
18 Number after seven (5)
21 Religious book (5)
22 Young newt (3)
23 Precious stone (5)
24 Substance that arouses desire (11)

Down

2 Takes small bites (7)
3 Accumulated over time (7)
4 Bring into the country (6)
5 Detailed assessment of accounts (5)
6 Piece of furniture (5)
7 Easily made angry (3-8)
8 Fictional (4-7)
14 Helps to happen (7)
15 Brazilian dance (7)
17 Worshipped (6)
19 Rise to one's feet (3,2)
20 Underground enlarged stem (5)

PUZZLE 76

Across

1 Dual audio (6)
7 Clamber (8)
8 Enemy (3)
9 Large insect (6)
10 Owl cry (4)
11 Harsh and grating in sound (5)
13 Short trips (7)
15 Periodical (7)
17 Rushes along; skims (5)
21 List of food options (4)
22 Enjoy greatly (6)
23 Strange (3)
24 Process of sticking to a surface (8)
25 Willingly (6)

Down

1 Less hard (6)
2 Expels (6)
3 Academy Award (5)
4 Inventor (7)
5 Forceful (8)
6 Recess (6)
12 Lied under oath (8)
14 Sheikdom in the Persian Gulf (7)
16 Exaggerate (6)
18 Maintain a decision (6)
19 Assorted; various (6)
20 Bandage that supports an arm (5)

PUZZLE 77

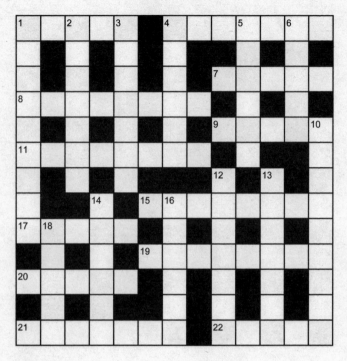

Across

1 Moist (of air) (5)
4 Noisiest (7)
7 Snail (anag.) (5)
8 Example (8)
9 Yellow citrus fruit (5)
11 Unfairness (8)
15 Adverse reaction (8)
17 Equip (5)
19 Brilliant musical performers (8)
20 Russian monarchs (5)
21 Takes a firm stand (7)
22 Large waterbirds (5)

Down

1 Mortify (9)
2 Chilled desserts (7)
3 Reduce the worth of (7)
4 Surgical knife (6)
5 Deprive of force (6)
6 Group of shots (5)
10 Capital of Tennessee (9)
12 Moving on ice (7)
13 French dance (7)
14 Evening party (6)
16 Comes up (6)
18 Facial protuberances (5)

PUZZLE 78

Across

1 Unjust (11)
9 A score of two under par on a hole (golf) (5)
10 Finish first (3)
11 Performer (5)
12 Loose stones on a slope (5)
13 Joins up (8)
16 To a certain extent (8)
18 Preclude (5)
21 Threshold (5)
22 Organ of sight (3)
23 Red cosmetic powder (5)
24 Pretentious display (11)

Down

2 Open-meshed material (7)
3 Questions (7)
4 Take into the body (of food) (6)
5 Asserts; affirms (5)
6 Bring down (5)
7 Freed (11)
8 Restrained (11)
14 Cause to deviate (7)
15 Hair-cleansing product (7)
17 Supernatural (6)
19 Follows orders (5)
20 Mournful song (5)

PUZZLE 79

Across

1 Large family (4)
3 Shackle (8)
9 Savings for the future (4,3)
10 Humped ruminant (5)
11 Sprinted (3)
12 Agreeable sound or tune (5)
13 Supply with new weapons (5)
15 Swells (5)
17 Have faith in (5)
18 Touch gently (3)
19 Exceed (5)
20 Eighth sign of the zodiac (7)
21 Small stall at a fair (8)
22 Spheres (4)

Down

1 Things that are given (13)
2 Crime of setting something on fire (5)
4 Long-haired variety of cat (6)
5 Withdraw from service (12)
6 Uncovers (7)
7 Congratulations (13)
8 Detailed reports (12)
14 Agreed or corresponded (7)
16 Complete failure (6)
18 A written document (5)

PUZZLE 80

Across

1 Measure of capacity for corn (6)
7 Inopportune (8)
8 19th Greek letter (3)
9 Involving financial matters (6)
10 Molten rock (4)
11 Corrodes (5)
13 Legal practitioners (7)
15 Country whose capital is Dakar (7)
17 Equipped (5)
21 Search for (4)
22 Cave openings (6)
23 Very small child (3)
24 Went along to an event (8)
25 Made bitter (6)

Down

1 Pester (6)
2 Fills up (6)
3 Meal (5)
4 Pertaining to the stars (7)
5 Person you work for (8)
6 Plant of the genus Trifolium (6)
12 Written agreements (8)
14 Artificial (3-4)
16 Agree or correspond (6)
18 Stream (anag.) (6)
19 Moved very quickly (6)
20 Pays for financially (5)

PUZZLE 81

Across

1 Drinking vessels (4)
3 Believed to be true (8)
9 Dark pigment in skin (7)
10 Winged animals (5)
11 Armature of a generator (5)
12 Predatory fish (7)
13 Stashes away (6)
15 Breed of hound (6)
17 Announcements (7)
18 Personnel at work (5)
20 State of the USA (5)
21 Small amount (7)
22 Commonplace (8)
23 Participate in a game (4)

Down

1 Wide-ranging (13)
2 Person who flies an aircraft (5)
4 Canvas covering (6)
5 Awkward (12)
6 Oppressive rulers (7)
7 Repugnantly (13)
8 Preliminary (12)
14 Motivate (7)
16 Respiratory condition (6)
19 Dreadful (5)

PUZZLE 82

Across

1 Snake-like fish (4)
3 Diligence (8)
9 Closing sections of compositions (7)
10 Gave out playing cards (5)
11 Private (12)
13 Building devoted to worship (6)
15 Of the eye (6)
17 Sensory system used by dolphins (12)
20 e.g. incisors and molars (5)
21 Sailing ship (7)
22 Organism that exploits another (8)
23 Cook slowly in liquid (4)

Down

1 Ability to produce a desired result (8)
2 Cloth woven from flax (5)
4 Tensed (anag.) (6)
5 Not discernible (12)
6 Burdensome work (7)
7 Legendary creature (4)
8 Ordinary dress (5,7)
12 Pristine (5-3)
14 Uncertain (7)
16 Failed to remember (6)
18 Clumsy (5)
19 Pace (4)

PUZZLE 83

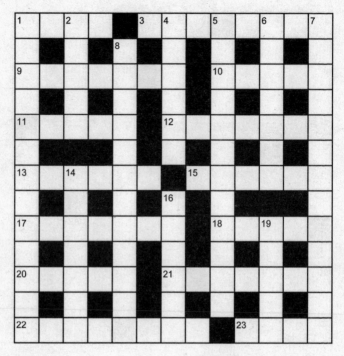

Across

1 Large town (4)
3 Slower than sound (8)
9 Alternative forms of a gene (7)
10 Smooth; groom (5)
11 Eighth Greek letter (5)
12 Stations at the ends of routes (7)
13 Relatively limited (of an amount) (6)
15 Wrangle for a bargain (6)
17 Flower arrangement (7)
18 Australian marsupial (5)
20 Vital organ (5)
21 Trespass (7)
22 Imitations; satires (8)
23 Remain in the same place (4)

Down

1 Artisanship (13)
2 Diacritical mark (5)
4 Surprise results (6)
5 Large grocery stores (12)
6 Requiring (7)
7 Thoughtfully (13)
8 Mentally acute (5-7)
14 Feeling of hopelessness (7)
16 Piece of text that names the writer of an article (6)
19 Mature human (5)

PUZZLE 84

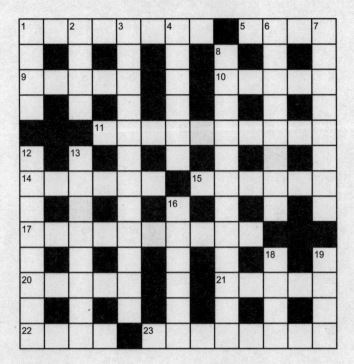

Across

1. Going red in the face (8)
5. Pool (anag.) (4)
9. Strong ringing sound (5)
10. Foolishly credulous (5)
11. Shrewdness (10)
14. Sloping (of a typeface) (6)
15. Aim to achieve something (6)
17. Reprimanding (7-3)
20. Turned to ice (5)
21. European country (5)
22. Find pleasant (4)
23. Grow longer (8)

Down

1. Large washing bowl (4)
2. State of the USA (4)
3. Joyously unrestrained (4-8)
4. Large dark cloud bearing rain (6)
6. Fat commonly used in cooking (5,3)
7. Male journalists (8)
8. Growing stronger (12)
12. Jovial (8)
13. Regulating water valve (8)
16. Cause to start burning (6)
18. Run quickly (4)
19. Church song (4)

PUZZLE 85

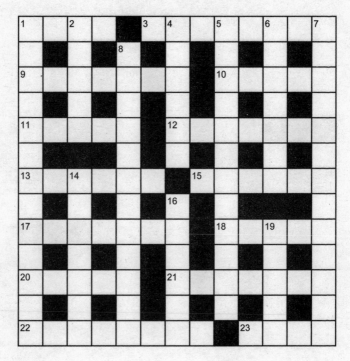

Across

1 Contact by phone (4)
3 Strong type of coffee (8)
9 Parachute opener (7)
10 Exit (5)
11 Make a physical or mental effort (5)
12 Large tracts of land (7)
13 Doorway (6)
15 Part of the eye (6)
17 Stylishly (7)
18 Part of a church tower (5)
20 Turf out (5)
21 Disturb (7)
22 Parroted (anag.) (8)
23 Vessel (4)

Down

1 Person who writes letters regularly (13)
2 Momentary oversight (5)
4 Abrupt (6)
5 Connection or association (12)
6 Neaten (7)
7 Exaggeration (13)
8 Showed not to be true (12)
14 Greek white wine (7)
16 Electric generator (6)
19 Adult insect stage (5)

PUZZLE 86

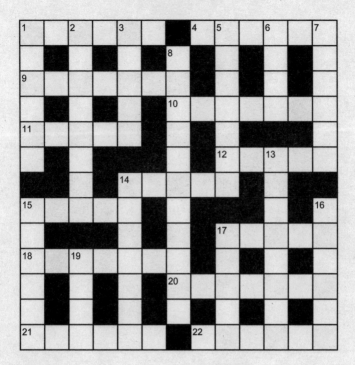

Across

1 Arthropod (6)
4 Sense of musical time (6)
9 Spiny anteater (7)
10 Trellis (anag.) (7)
11 Arboreal primate (5)
12 Glasses (abbrev.) (5)
14 Prophets (5)
15 Single-celled plants (5)
17 One-way flow structure (5)
18 Apprehend (7)
20 Anarchic (7)
21 Entangle (6)
22 Scolded strongly (6)

Down

1 Models of excellence (6)
2 Crafty; cunning (8)
3 Alcoholic beverage (5)
5 Unfortunate (7)
6 Periodic movement of the sea (4)
7 Fails to hit a target (6)
8 Place where fighting occurs (11)
13 Soonest (8)
14 Attracts powerfully (7)
15 Mysterious; secret (6)
16 Stopped (6)
17 Speech sound (5)
19 Literary composition (4)

PUZZLE 87

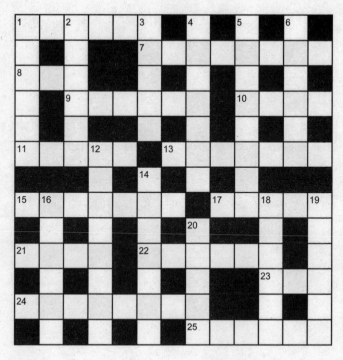

Across

1 Spanish rice dish (6)
7 Besides; in addition (8)
8 Make imperfect (3)
9 Rejoices (6)
10 Invalid (4)
11 Enumerates (5)
13 Well-being (7)
15 Showed a person to their seat (7)
17 Single-edged hunting knife (5)
21 Whirring sound (4)
22 Plunderer (6)
23 Wet soil (3)
24 Salutation (8)
25 Sailing vessels (6)

Down

1 Beat with the fists (6)
2 Wading birds (6)
3 Sufficiently (5)
4 Cut of meat (7)
5 Back and forth (2,3,3)
6 Tentacle (6)
12 Suppositions (8)
14 Enlist (7)
16 Writhe (6)
18 Heat; affection (6)
19 Exit; Bible book (6)
20 Drab (5)

PUZZLE 88

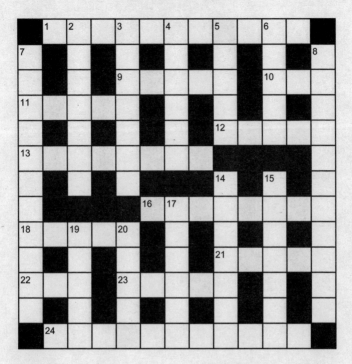

Across

1 Remark; comment (11)
9 Panorama (5)
10 Young male (3)
11 Grasslike marsh plant (5)
12 Stomach exercise (3-2)
13 Collection in its entirety (8)
16 Extreme audacity (8)
18 Municipalities (5)
21 Not together (5)
22 Make a choice (3)
23 Discover (5)
24 Energetically (11)

Down

2 Unrecoverable money owed (3,4)
3 Surround entirely (7)
4 Concerned with sight (6)
5 Shallow food containers (5)
6 Fly around a planet (5)
7 Affiliation (11)
8 Compassionate (11)
14 Capital of Georgia in the US (7)
15 Clothing (7)
17 US state of islands (6)
19 Humorous (5)
20 Latin American dance (5)

PUZZLE 89

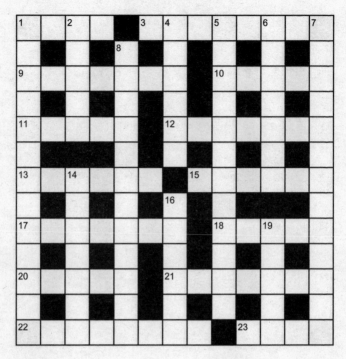

Across

1 Knowledge (abbrev.) (4)
3 Word for word (8)
9 Nationality of a citizen of Beijing (7)
10 Fastening device (5)
11 Stiff (5)
12 Sum added to interest (7)
13 False (6)
15 Hang around (6)
17 Outburst of anger (7)
18 Stagger (5)
20 Moisten meat (5)
21 Makes short and sharp turns (7)
22 Passing (of time) (8)
23 Poses a question (4)

Down

1 Forever honest (13)
2 Throw forcefully (5)
4 Free from a liability (6)
5 Study of microorganisms (12)
6 Abounding (7)
7 Process of transformation (of an insect) (13)
8 Main premises of a company (12)
14 Country in North Africa (7)
16 River in South America (6)
19 Studies a subject at university (5)

PUZZLE 90

Across

1 Exhaled hard (4)
3 Cutting instrument (8)
9 Indistinct; vague (7)
10 Corpulent (5)
11 Imprudence (12)
14 High ball in tennis (3)
16 Twelve (5)
17 Large salt water body (3)
18 Radishes grin (anag.) (12)
21 Skewered meat (5)
22 Stiff and formal (7)
23 Delaying (8)
24 Motivate; desire to act (4)

Down

1 Fortress in Paris (8)
2 Antelope (5)
4 Shed tears (3)
5 Small meteor (8,4)
6 Burdensome (7)
7 Appear (4)
8 Significantly (12)
12 Sharp blade (5)
13 Grotesquely carved figure (8)
15 Talk foolishly (7)
19 Bring on oneself (5)
20 Comedy sketch (4)
22 Male offspring (3)

PUZZLE 91

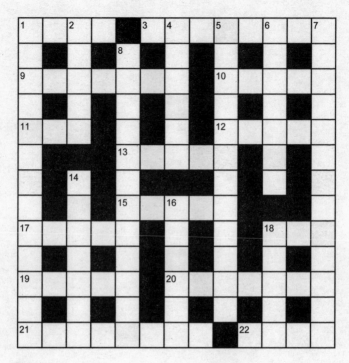

Across

1 Moist (4)
3 Green vegetable (8)
9 Uncommon (7)
10 Doctor (5)
11 Boy (3)
12 Rental agreement (5)
13 Number in a trilogy (5)
15 Flaring stars (5)
17 Discharge (5)
18 Ruction (3)
19 Nairobi is the capital here (5)
20 Slips something inside (7)
21 Made less bright (8)
22 Solely (4)

Down

1 Verified again (6-7)
2 Rounded mass (5)
4 Long swelling wave (6)
5 Entirety (12)
6 Trying experiences (7)
7 Recoils unduly (anag.) (13)
8 Strengthen; confirm (12)
14 Less dirty (7)
16 City in North East Italy (6)
18 Garment worn in the kitchen (5)

PUZZLE 92

Across

1 Bird sounds (6)
4 Struck by overwhelming shock (6)
9 Highest singing voice (7)
10 Newspaper audience (7)
11 The Norwegian language (5)
12 Lucky accident (5)
14 Stroll casually (5)
15 Criminal (5)
17 Thin pancake (5)
18 Father of a parent (7)
20 Snared (7)
21 Overjoyed (6)
22 Denier (anag.) (6)

Down

1 Housing (6)
2 Relating to an empire (8)
3 Stage (5)
5 Tall quadruped (7)
6 Fever or shivering fit (4)
7 Scrap (6)
8 Confirm (11)
13 Support (8)
14 Painkilling drug (7)
15 Body shape (6)
16 Rounded up animals (6)
17 Stop (5)
19 Tiny aquatic plant (4)

PUZZLE 93

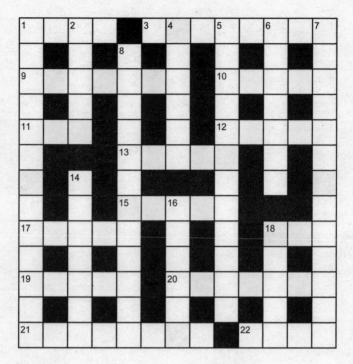

Across

1   Stride; single step (4)
3   Large outbreak of a disease (8)
9   Entered in a hostile manner (7)
10 Assumed proposition (5)
11 Trouble in body or mind (3)
12 Tropical fruit (5)
13 Insect larva (5)
15 Neck warmer (5)
17 Cattle-breeding farm (5)
18 For each (3)
19 Cost (5)
20 Slanting (7)
21 Orange plant pigment (8)
22 Short pins that taper at one
    end (4)

Down

1   Benevolent and
    generous (13)
2   Polite and courteous (5)
4   Lectern (6)
5   Charmingly (12)
6   Warm-blooded
    vertebrates (7)
7   Bland and dull (13)
8   Firm rebuke (12)
14 More amusing (7)
16 Border (6)
18 Wound the pride of (5)

PUZZLE 94

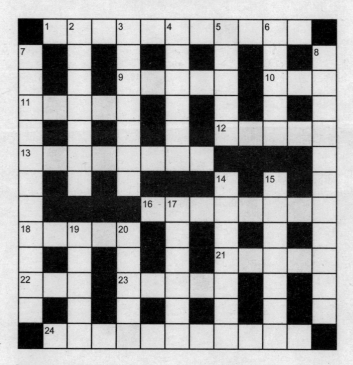

Across

1 Not wanted (11)
9 Used a computer keyboard (5)
10 Compete (3)
11 Garbage or drivel (5)
12 Sticky sweet liquid (5)
13 Someone paddling a light boat (8)
16 Disapproved of (8)
18 Fleshy (5)
21 Clear and apparent; obvious (5)
22 Food item from a hen (3)
23 Produce a literary work (5)
24 Incalculable (11)

Down

2 Countries (7)
3 Went in (7)
4 Urges to do something (6)
5 Mountain range in South America (5)
6 Organ that secretes bile (5)
7 Small room that leads to a main one (11)
8 Dejection (11)
14 Painting medium (7)
15 Type of alcohol (7)
17 Swimming costume (6)
19 Noble gas (5)
20 Inhales open-mouthed when sleepy (5)

PUZZLE 95

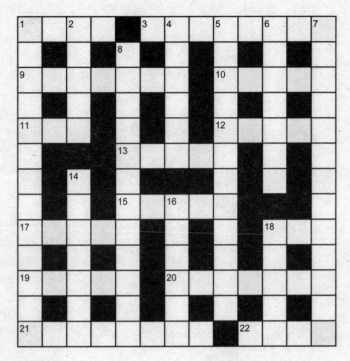

Across

1 Wise; herb (4)
3 Overcome a difficulty (8)
9 Person who keeps watch (7)
10 Former name of the Democratic Republic of Congo (5)
11 Tree (3)
12 Willow twig (5)
13 Touches down (5)
15 Spring flower (5)
17 A number between an eighth and a tenth (5)
18 Mythical monster (3)
19 Up to the time when (5)
20 Melodious (7)
21 Immediately (8)
22 Donkey noise (4)

Down

1 Eloquent; articulate (6-7)
2 Marrying man (5)
4 Improvement (6)
5 Female singing voice (5-7)
6 Combining together (7)
7 Conceptually (13)
8 Not intoxicating (of a drink) (12)
14 Visual display unit (7)
16 Legume (6)
18 Make available for sale (5)

PUZZLE 96

Across

1 Concealing (6)
7 Aromatic shrub (8)
8 Mixture of gases we breathe (3)
9 One who manages finances at a college (6)
10 Religious act (4)
11 Musical compositions (5)
13 Fragmentary (7)
15 Feeling guilty (7)
17 Uses a keyboard (5)
21 Temporary living quarters (4)
22 For more time (6)
23 Flee (3)
24 Tree parts (8)
25 Warmed up (6)

Down

1 Interruption or gap (6)
2 Seaport in South Africa (6)
3 Transparent solid (5)
4 Greed (7)
5 Supplication (8)
6 Closely held back (4-2)
12 Greedy (8)
14 Affluent (7)
16 Set of steps (6)
18 Tropical bird (6)
19 Autographed something for a fan (6)
20 Grind together (5)

PUZZLE 97

Across

1 Showing deep and solemn respect (8)
5 Unable to hear (4)
8 Humming sound (5)
9 Average (7)
10 Thinning out branches of a tree (7)
12 Plant greenery (7)
14 Elevate (7)
16 Becomes wider or more open (7)
18 Give authority to (7)
19 Severe (5)
20 Prophet (4)
21 Keep at a distance (8)

Down

1 Decays (4)
2 Occurring in spring (6)
3 Dutch painter (9)
4 Stinging weed (6)
6 Greek mathematician (6)
7 Delicate ornamental work (8)
11 Extinct flying reptile (9)
12 Liking for something (8)
13 Pass by (6)
14 Takes the place of (6)
15 Cast doubt upon (6)
17 Ewer (anag.) (4)

PUZZLE 98

Across

1 Unambiguous (11)
9 Performed on stage (5)
10 Antelope (3)
11 Less common (5)
12 Assesses performance (5)
13 Tanks for storing water (8)
16 Card game (8)
18 Ire (5)
21 Unsuitable (5)
22 Increase the running speed of an engine (3)
23 Condescend (5)
24 Amazing (11)

Down

2 Closest (7)
3 Group of four (7)
4 Confine as a prisoner (6)
5 More mature (5)
6 Anxiety (5)
7 Word used by magicians (11)
8 Replaced with another (11)
14 Squeeze into a compact mass (7)
15 Fabled monster (7)
17 Birthplace of St Francis (6)
19 Hands over (5)
20 Cowboy exhibition (5)

PUZZLE 99

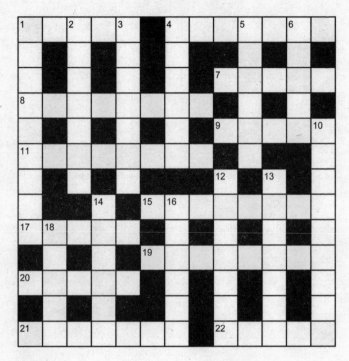

Across

1. Manages (5)
4. With an attitude of suspicion (7)
7. Disregard the rules (5)
8. Number of days in a fortnight (8)
9. Remnant of a dying fire (5)
11. Loss of hearing (8)
15. Crusade (8)
17. Loose garments (5)
19. Not appropriate (8)
20. Fairy (5)
21. Alphabetical lists (7)
22. Brief smell (5)

Down

1. Entrusting a secret to someone (9)
2. Liked by many people (7)
3. Sedentary (7)
4. Concurs (6)
5. Assurance; composure (6)
6. Bring about (5)
10. Impervious to water (9)
12. Garden bird (7)
13. Kettledrums (7)
14. Foolish (6)
16. Allows in (6)
18. Pungent edible bulb (5)

PUZZLE 100

Across

1 Light blast of wind (4)
3 Had faith in (8)
9 Tranquil (7)
10 Triangular river mouth (5)
11 Unplugged (12)
14 Cohere (3)
16 Belonging to them (5)
17 Japanese monetary unit (3)
18 Untimely (12)
21 Individual things (5)
22 Remove or take out (7)
23 Plantation producing grapes (8)
24 Lazy (4)

Down

1 Representative example (8)
2 Clenched hands (5)
4 Former measure of length (3)
5 Teach to accept a belief uncritically (12)
6 Smooth and soft (7)
7 Haul (4)
8 Easily (12)
12 Requirements (5)
13 Disturb (8)
15 Portable lamp (7)
19 Piece of wood that is thin and flat (5)
20 Capital of the Ukraine (4)
22 Organ of hearing (3)

PUZZLE 101

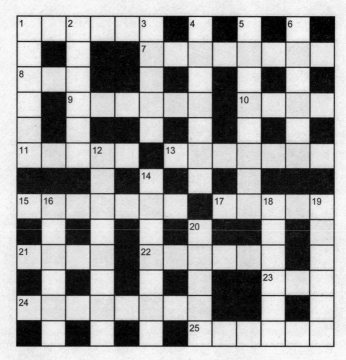

Across

1 e.g. monkey or whale (6)
7 Alluring (8)
8 Bitumen (3)
9 Moves to-and-fro (6)
10 Heavy hammer (4)
11 Stratum (5)
13 Wicked look that causes harm (4,3)
15 Got too big for something (7)
17 Practice of lending money at high interest rates (5)
21 Smile broadly (4)
22 Arrive (4,2)
23 Tool for making holes in leather (3)
24 Secondary personality (5,3)
25 Removed unwanted plants (6)

Down

1 Reciprocal (6)
2 Waterlogged (6)
3 Lines (anag.) (5)
4 Elusive (7)
5 Impetus (8)
6 Excessively (6)
12 Person who maintains machines (8)
14 Snuggles (7)
16 Disorderly (6)
18 Not yet settled (of a bill) (6)
19 Shouted out (6)
20 Pointed projectile (5)

PUZZLE 102

Across

1 Alcove (6)
4 Overweight (6)
9 Small community (7)
10 Wrecked; binned (7)
11 Lacking interest (5)
12 Benefactor (5)
14 Side posts of doorways (5)
15 Latin American dance (5)
17 Annoy (5)
18 Mathematical rule (7)
20 Line that touches a curve (7)
21 Layers (anag.) (6)
22 Vitreous (6)

Down

1 Bring back to life (6)
2 Publisher's emblem (8)
3 Burn with hot liquid (5)
5 Four-legged reptiles (7)
6 Two together (4)
7 Over there (6)
8 Having definite limits (11)
13 Pleasantness (8)
14 First month (7)
15 Strongbox for valuables (6)
16 Lightly (6)
17 Committee (5)
19 Move like a wheel (4)

PUZZLE 103

Across

1 Decompose (5)
4 Distant runner-up (4-3)
7 Crucial person or point; axis (5)
8 Gone (8)
9 Hints (5)
11 Falls back (8)
15 Pitiful (8)
17 Melodies (5)
19 Push button by a house (8)
20 Venerate; worship (5)
21 Mischievous children (7)
22 Machine for shaping wood or metal (5)

Down

1 Substance that reduces perspiration (9)
2 Vie (7)
3 Longed for (7)
4 Have an impact on (6)
5 Bird with yellow and black plumage (6)
6 Stood up (5)
10 Wonder about (9)
12 Relating to heat (7)
13 Non-believer in God (7)
14 Scarcity (6)
16 Keeps away from (6)
18 Beneath (5)

PUZZLE 104

Across

1 Fortified wines (8)
5 Opposite of short (4)
8 Crawl (5)
9 Bathing tub with bubbles (7)
10 Fragrant compound (7)
12 Have within (7)
14 Pertaining to warfare (7)
16 Mediterranean coastal region (7)
18 Musical wind instrument (7)
19 Type of large deer (5)
20 Puts down (4)
21 Collected or stored (8)

Down

1 Foot covering (4)
2 Ten plus one (6)
3 Respectable (9)
4 Issue instructions (6)
6 Seeping (6)
7 Wily (8)
11 Member of the Christian clergy (9)
12 Form of carbon (8)
13 Bird enclosure (6)
14 Capital of Bahrain (6)
15 Situated within a building (6)
17 Pay close attention to (4)

PUZZLE 105

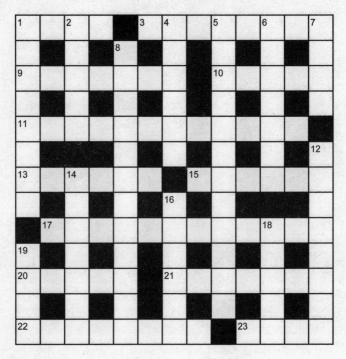

Across

1 Moves up and down (4)
3 Effusion (8)
9 Outline of a natural feature (7)
10 Scoundrel (5)
11 Coat with a metal (12)
13 e.g. Borneo (6)
15 Establish by law (6)
17 Heartbroken (12)
20 Loose outer garments (5)
21 Disentangle (7)
22 Recently married person (5-3)
23 Lump of earth (4)

Down

1 Microorganisms (8)
2 Spree (5)
4 Destroy (6)
5 Electronic security device (7,5)
6 Series of boat races (7)
7 Subsequently (4)
8 Endlessly (12)
12 Not closed (of an envelope) (8)
14 Archer's weapon (7)
16 Guarantee (6)
18 Tool for marking angles (5)
19 Type of golf club (4)

PUZZLE 106

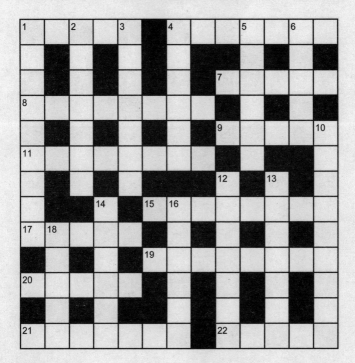

Across

1 Raves (5)
4 Pledge (7)
7 Alter (5)
8 Turning about a point (8)
9 Twenty (5)
11 Expanded (8)
15 Individual; private (8)
17 Period between childhood and adulthood (5)
19 Powerfully (8)
20 Prison compartments (5)
21 Template (7)
22 Cleans (5)

Down

1 Fruit (9)
2 Innocently (7)
3 Long-haired hunting dogs (7)
4 Spring suddenly (6)
5 Copies (6)
6 Acoustic detection system (5)
10 Staff (9)
12 Amaze (7)
13 People of noble birth (7)
14 Solent (anag.) (6)
16 Have as a consequence (6)
18 Not concealed (5)

PUZZLE 107

Across

1 Leave (6)
7 Putting into practice (8)
8 Disapproving sound (3)
9 Constructs (6)
10 Put down gently (4)
11 Break (5)
13 Mountaineer (7)
15 Destroys (7)
17 Act of going in (5)
21 Church service (4)
22 Open declaration of affirmation (6)
23 Clothing needed for an activity (3)
24 Large wine bottle (8)
25 Prizes (6)

Down

1 First appearances (6)
2 Irrational fear (6)
3 Agree or correspond (5)
4 Letter (7)
5 Plant of the primrose family (8)
6 Provoke (6)
12 Photograph (8)
14 Polygon having ten sides (7)
16 Sayings (6)
18 Speaker (6)
19 Young people (6)
20 School of thought (5)

PUZZLE 108

Across

1 Stick with a hook (4)
3 Bulbous perennial herb (8)
9 Short trips to perform tasks (7)
10 Flowers (5)
11 Erase trumpet (anag.) (12)
14 Drink a little (3)
16 Unspecified object (5)
17 Plaything (3)
18 Troublemaker (6-6)
21 Musical instrument (5)
22 Aiding (7)
23 Rays of natural light (8)
24 Related by blood (4)

Down

1 Best (8)
2 Public meeting for open discussion (5)
4 Positive answer (3)
5 Brusque and surly (12)
6 Beginning to exist (7)
7 Part of a door fastening (4)
8 Lacking a backbone (12)
12 Not dead (5)
13 Lightest chemical element (8)
15 Military unit (7)
19 Suave (5)
20 Days before major events (4)
22 Sewn edge (3)

PUZZLE 109

Across

1 Enthusiastic approval (11)
9 Under (5)
10 Legal ruling (3)
11 Find the solution (5)
12 Steer (anag.) (5)
13 Spinning (8)
16 Assume control of (4,4)
18 Slabs of peat for fuel (5)
21 Chocolate powder (5)
22 Unit of resistance (3)
23 Recycle (5)
24 Condition in an agreement (11)

Down

2 e.g. knives and forks (7)
3 Freedom (7)
4 Liquefied by heat (6)
5 Tall structure on a castle (5)
6 Stares at in a lecherous way (5)
7 Official title (11)
8 European country (11)
14 Decline (7)
15 Pear-shaped fruit native to Mexico (7)
17 Real (6)
19 Send money in payment (5)
20 Remove paint from a wall (5)

PUZZLE 110

Across

1 Pokes gently (6)
7 Relating to the heart (8)
8 Cutting tool (3)
9 Abdominal organ (6)
10 Gelatinous substance (4)
11 Peers (5)
13 Sleep (4-3)
15 Lobster claws (7)
17 Knotty protuberance on a tree (5)
21 A strengthened and defended building (4)
22 Loudspeaker (6)
23 Cup (3)
24 Opposite of a promotion (8)
25 Collect or store (6)

Down

1 Hold close (6)
2 Water diviner (6)
3 Type of small fastener (5)
4 Share; portion (7)
5 Undo; loosen (8)
6 Very milky (6)
12 Style of speech (8)
14 Chocolate chewy cake (7)
16 Pressed clothes (6)
18 Pilot (6)
19 Lumberjack (6)
20 Departing (5)

PUZZLE 111

Across

1 Developed into (6)
4 Beat as if with a flail (6)
9 Suitor (7)
10 Books of maps (7)
11 Ensnares (5)
12 Injures (5)
14 Narrow passageway (5)
15 Factual evidence (5)
17 Grip tightly; steal (5)
18 Make bigger (7)
20 Impartial (7)
21 Condescending (6)
22 Entices to do something (6)

Down

1 Pulchritude (6)
2 Soldier (8)
3 Scores an exam paper (5)
5 In good physical condition (7)
6 Goes wrong (4)
7 Homes (6)
8 Semi-transparent (11)
13 Person in second place (6-2)
14 Offend the modesty of (7)
15 Portions (6)
16 Large marine mammals (6)
17 Cut back a tree (5)
19 Luxurious car (abbrev.) (4)

PUZZLE 112

Across

1 Act evasively (11)
9 Passenger ship (5)
10 Residue from a fire (3)
11 Parts (anag.) (5)
12 Bonds of union (5)
13 Words with similar meanings (8)
16 Intelligentsia (8)
18 Shabby and worn (5)
21 Move to music (5)
22 Burdensome charge (3)
23 Weeps (5)
24 Initiators (11)

Down

2 Bellowing (7)
3 Crafty; cunning (7)
4 Without pattern (6)
5 Shapely (5)
6 Express gratitude (5)
7 Revive (11)
8 Spookiness (11)
14 Receiver (7)
15 Artist (7)
17 Doing nothing (6)
19 A poison (5)
20 Sailing vessel (5)

PUZZLE 113

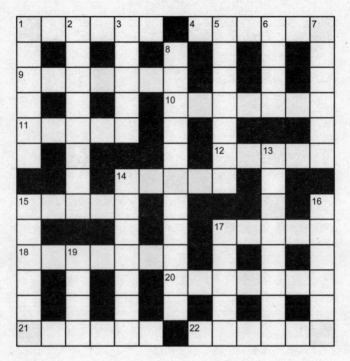

Across

1 Character created by Charles M Schulz (6)
4 Lookouts (6)
9 Civilians trained as soldiers (7)
10 Group of servants (7)
11 Coral reef (5)
12 Seeped (5)
14 Children's entertainer (5)
15 Make thirsty (5)
17 Large intestine (5)
18 Country in North Africa (7)
20 Chatter on and on (7)
21 Erase (6)
22 Remained (6)

Down

1 Relating to monkeys (6)
2 Observer (8)
3 Floral leaf (5)
5 Text accompanying a cartoon (7)
6 On top of (4)
7 Move apart (6)
8 Instrument for recording heart activity (11)
13 Fanaticism (8)
14 War carriage (7)
15 End lap (anag.) (6)
16 In truth; really (6)
17 Skilled job (5)
19 Audacity (4)

PUZZLE 114

Across

1 Male children (4)
3 Migratory birds (8)
9 Intrinsic nature (7)
10 A leaf of paper (5)
11 Fellow (3)
12 Visual perception (5)
13 Verse (5)
15 Choose through voting (5)
17 Fine powdery foodstuff (5)
18 Drivel; nonsense (3)
19 Pertaining to bees (5)
20 Sharp tooth (7)
21 Distribute (8)
22 Curve in a road (4)

Down

1 Legerdemain (7,2,4)
2 Beastly (5)
4 Sailing barge (6)
5 Jail term without end (4,8)
6 Duty-bound (7)
7 Easily angered (5-8)
8 Disturbance; act of meddling (12)
14 Showy flowers (7)
16 Small whirlpools (6)
18 Adhesive substance (5)

PUZZLE 115

Across

1 Important (11)
9 Express one's opinion (5)
10 Court (3)
11 Climb onto (5)
12 Small canoe (5)
13 Most jolly (8)
16 Control (8)
18 Red-chested bird (5)
21 Type of lizard (5)
22 Annoy constantly (3)
23 Place where something happens (5)
24 Increasing gradually by degrees (11)

Down

2 Dispensers (7)
3 Nasal opening (7)
4 Disorderly disturbance (6)
5 Office worker who keeps records (5)
6 Recently (5)
7 Recalling (11)
8 Disturb the status quo (4,3,4)
14 Operating doctor (7)
15 Eyelash cosmetic (7)
17 US rapper (6)
19 Start (5)
20 At no time (5)

PUZZLE 116

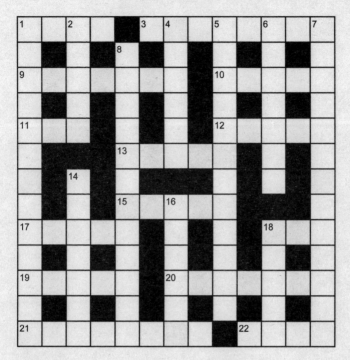

Across

1 Creative thought (4)
3 Apportioned (8)
9 Flat slabs (7)
10 Removes moisture (5)
11 Opposite of old (3)
12 Senior figure in a tribe (5)
13 Alcoholic drinks made from grapes (5)
15 Many-headed snake (5)
17 Care for; look after (5)
18 Gone by (of time) (3)
19 Espresso coffee and steamed milk (5)
20 Remedy for everything (7)
21 Boating (8)
22 Young child (4)

Down

1 Deliberately (13)
2 Arm joint (5)
4 Give one's attention to a sound (6)
5 First part of the Bible (3,9)
6 Twirl (7)
7 Carry editions (anag.) (13)
8 Disregarding the rules (5,3,4)
14 Nonconformist (7)
16 Inhibit (6)
18 Capital of Ghana (5)

PUZZLE 117

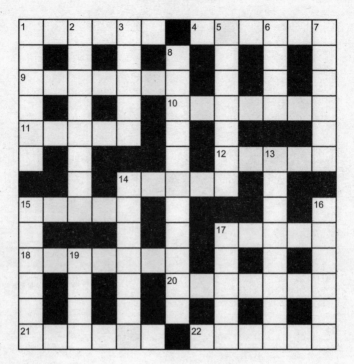

Across

1 Travels on foot (6)
4 Type of ski race (6)
9 Mythical bird (7)
10 Challenging (7)
11 Quoted (5)
12 Expressed clearly (5)
14 Uneven (of a road) (5)
15 Game of chance (5)
17 Diving waterbird (5)
18 Finery (7)
20 Camera stands (7)
21 Enter into combat with (6)
22 Mineral used to make plaster of Paris (6)

Down

1 Themes (6)
2 Take up of a practice (8)
3 Longed for (5)
5 In a relaxed manner (7)
6 Mischievous god in Norse mythology (4)
7 Joined together (6)
8 Destroy (11)
13 Desirous (8)
14 Turning from liquid to gas (7)
15 Tell off severely (6)
16 Wreckage washed ashore (6)
17 Dirty (5)
19 Award (informal) (4)

PUZZLE 118

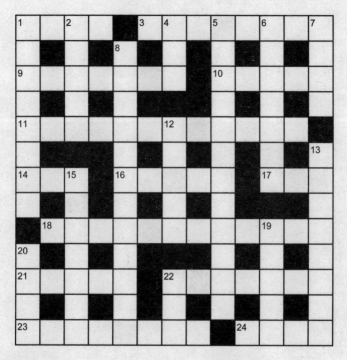

Across

1 Solid; not soft (4)
3 Letters of a language (8)
9 Silklike fabric (7)
10 Models for a photograph (5)
11 Sweat (12)
14 Surpass (3)
16 Visual representation (5)
17 Flightless bird (3)
18 Smooth and easy progress (5,7)
21 Loud metallic sound (5)
22 Ferocious small mammals (7)
23 Writer of literary works (8)
24 Large deer (pl.) (4)

Down

1 Popular places (8)
2 Touch on; mention (5)
4 Grassland (3)
5 Conjectural (12)
6 Made to individual order (7)
7 Critical examination (4)
8 Hopelessly (12)
12 Brings up (5)
13 Implies (8)
15 Columns (7)
19 Perfect (5)
20 Highest point (4)
22 Used to be (3)

PUZZLE 119

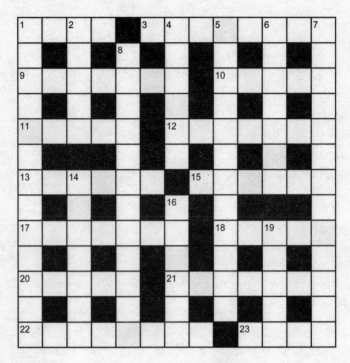

Across

1 Primates (4)
3 Dilapidated (8)
9 Undergarments (7)
10 Allotted quantity (5)
11 Japanese dish (5)
12 Stringed instruments (7)
13 e.g. from New Delhi (6)
15 State of the USA (6)
17 Irreverence (7)
18 Select class (5)
20 Images of deities (5)
21 Warmest (7)
22 Longing (8)
23 Catch sight of (4)

Down

1 Ease of use or entry (13)
2 Gets through merit (5)
4 Banner or flag (6)
5 Demands or needs (12)
6 Proportionately (3,4)
7 Party lanterns (anag.) (13)
8 Food shop (12)
14 Certificate (7)
16 Punctuation mark (6)
19 Creative thoughts (5)

PUZZLE 120

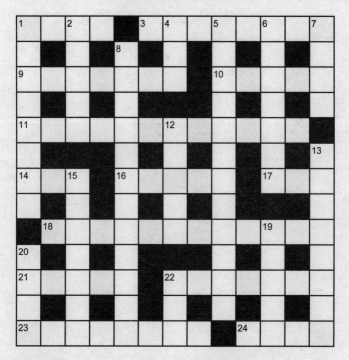

Across

1 Headland (4)
3 e.g. rugby or tennis (4,4)
9 Protective helmet (4,3)
10 Stringed instrument (5)
11 Narcissism (4-8)
14 Vitality (3)
16 Fortune-telling card (5)
17 Not me (3)
18 Sweet red fruits (12)
21 Swerve; bend (5)
22 Provoked or teased (7)
23 Cuts into bits (8)
24 Metal fastener (4)

Down

1 Sticking together (8)
2 Danger (5)
4 Suitable (3)
5 Scientific research rooms (12)
6 Official pardon (7)
7 Greek god of love (4)
8 24th December (9,3)
12 Pulsate (5)
13 Became less intense (8)
15 Becomes fully grown (7)
19 Small arm of the sea (5)
20 Bitter-tasting substance (4)
22 e.g. pecan or cashew (3)

PUZZLE 121

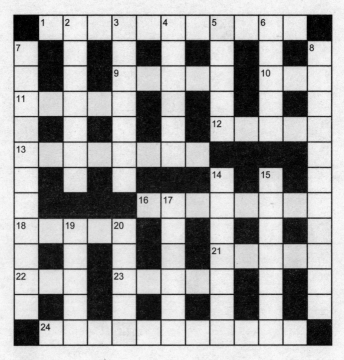

Across

1 Obstacle; barrier (11)
9 Christmas song (5)
10 Metal container; is able to (3)
11 Cathedral (5)
12 Out of fashion (5)
13 Skin care product (8)
16 Until now (8)
18 Living in a city (5)
21 Ray (5)
22 Ignited (3)
23 Closely compacted (5)
24 Cheat someone financially (5-6)

Down

2 Dearly cherished (7)
3 Wealthy businesspeople (7)
4 Not ready to eat (of fruit) (6)
5 Spring flower (5)
6 Killer whales (5)
7 Boldly (11)
8 Put questions to (11)
14 Grotesque monster (7)
15 Smoothing clothes (7)
17 Symbolic (6)
19 Group (5)
20 Lowest point (5)

PUZZLE 122

Across

1 Put back (8)
5 Monetary unit of Spain (4)
8 Cram (5)
9 Confused struggle (7)
10 Runs out (7)
12 Went to see (7)
14 Has an impact on (7)
16 Mythical stories (7)
18 Drinking vessel (7)
19 Later (5)
20 Examine quickly (4)
21 Prestigious (8)

Down

1 Situation involving danger (4)
2 Declines sharply (6)
3 Sense of smell (9)
4 Followed (6)
6 Unfold (6)
7 Abroad (8)
11 Pierce with holes (9)
12 Breaks an agreement (8)
13 Country in Africa with capital Kampala (6)
14 Stage whispers (6)
15 Tradition (6)
17 Network of lines (4)

PUZZLE 123

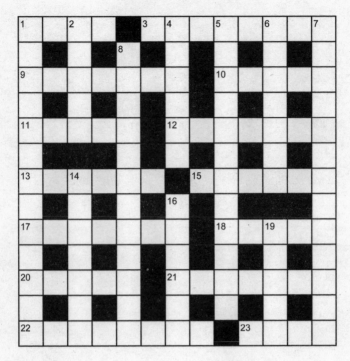

Across

1 Large barrel (4)
3 Causes pain or suffering (8)
9 Stage in brewing (7)
10 Understand (5)
11 Loft (5)
12 Nominal (7)
13 Away from the coast (6)
15 Without ethics (6)
17 Becomes less wide (7)
18 Prohibited by social custom (5)
20 Doglike mammal (5)
21 Exchanges of several strokes in tennis (7)
22 Remittances (8)
23 Unattractive (4)

Down

1 Friendship (13)
2 Break apart forcibly (5)
4 Engages in combat (6)
5 Lawfully (12)
6 Obsequious person (7)
7 In a manner that exceeds what is necessary (13)
8 Very sad (12)
14 Theft of property (7)
16 Liveliness (6)
19 Come to a place with (5)

PUZZLE 124

Across

1 US politician (11)
9 Ordered arrangement (5)
10 Epoch (3)
11 Drives out from a place (5)
12 Loutish person (5)
13 Rocked (8)
16 Conversation between two people (3-2-3)
18 Cuts slightly (5)
21 Released from jail (5)
22 Female sheep (3)
23 Refute by evidence (5)
24 Very tall buildings (11)

Down

2 Corpulence (7)
3 Understood; held (7)
4 Infuriate (6)
5 Craftily (5)
6 Covered with water (5)
7 Leader in a race (5,6)
8 Endorsed (11)
14 Highest vantage point of a building (7)
15 Nevertheless (7)
17 Quantity (6)
19 Impertinence (5)
20 Indian garments (5)

PUZZLE 125

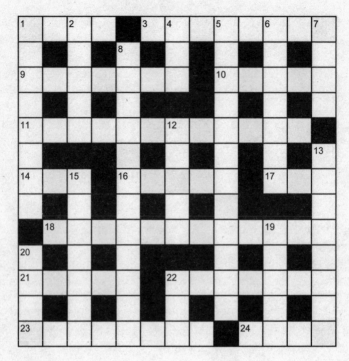

Across

1 Neither good nor bad (2-2)
3 Partially hidden (8)
9 Reintegrate (7)
10 Period of darkness (5)
11 Contagiously (12)
14 Space or interval (3)
16 Surprise result (5)
17 Pay (anag.) (3)
18 Swimming technique (12)
21 Country once ruled by Papa Doc (5)
22 e.g. daffodils (7)
23 Whipping (8)
24 Bristle (4)

Down

1 Food portions (8)
2 Mark or wear thin (5)
4 Purchase (3)
5 Act of discussing something; deliberation (12)
6 Majestically (7)
7 Moral obligation (4)
8 Disheartening (12)
12 One image within another (5)
13 Peacemaker (8)
15 Type of porch (7)
19 Last Greek letter (5)
20 Cook (4)
22 Wetland (3)

PUZZLE 126

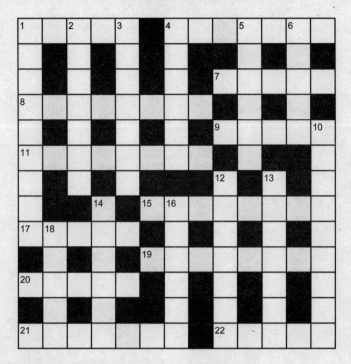

Across

1 Huge mythical creature (5)
4 Tuft of grass (7)
7 Open disrespect (5)
8 Humility and gentleness (8)
9 Strong gust of wind (5)
11 Reassured (8)
15 Have a wavy motion (8)
17 Manner of speaking (5)
19 Country in Central Asia (8)
20 Molten rock (5)
21 Gets away (7)
22 Pay out money (5)

Down

1 Alluring (9)
2 Calls for (7)
3 Loud sound following lightning (7)
4 Fine cloth; type of paper (6)
5 Farming tool (6)
6 Amusing people (5)
10 Put up with (9)
12 Spending funds (7)
13 Lack of success (7)
14 Former female pupil (6)
16 Loops with running knots (6)
18 Froglike amphibians (5)

PUZZLE 127

Across

1 Strongbox (4)
3 e.g. resident of Cairo (8)
9 Very long (7)
10 Elegant sitting room (5)
11 Porcelain (5)
12 Topmost (7)
13 Limited in scope (6)
15 Notable inconvenience (6)
17 West Indian musical style (7)
18 Recommended strongly (5)
20 Egg-shaped (5)
21 Organic nutrient (7)
22 Stops temporarily (8)
23 Uncommon (4)

Down

1 Embarrassed (4-9)
2 What a mycologist studies (5)
4 Sculptured symbols (6)
5 Person studying after a first degree (12)
6 Sickness (7)
7 Absence (13)
8 Atmospheric layer (12)
14 Refills (7)
16 Answered correctly (6)
19 Third Greek letter (5)

PUZZLE 128

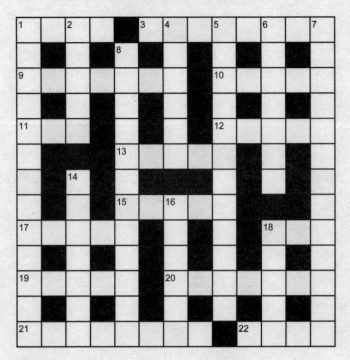

Across

1 Unwrap or untie (4)
3 Angelic (8)
9 Returns to a former state (7)
10 Large mast (5)
11 Mongrel dog (3)
12 Wash with clean water (5)
13 Cloak (5)
15 These keep your feet warm (5)
17 Go over again (5)
18 17th Greek letter (3)
19 Ruined; rendered inoperable (5)
20 Drop (7)
21 Make weak (8)
22 Wet with condensation (4)

Down

1 Irretrievable (13)
2 Person who goes underwater (5)
4 Move or travel hurriedly (6)
5 Consequence of an event (12)
6 Nonsense (7)
7 Sweets (13)
8 Principal face of a building (12)
14 Start (4,3)
16 Club (6)
18 Awaken (5)

PUZZLE 129

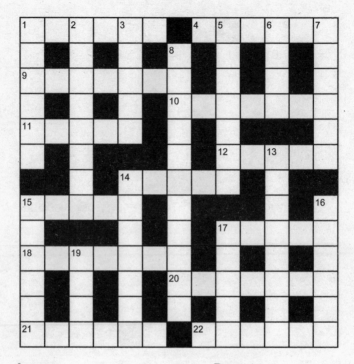

Across

1 Domain (6)
4 Hesitate (6)
9 Written record (7)
10 Single-horned creature (7)
11 Broadcast again (5)
12 Shaped up (5)
14 Areas of mown grass (5)
15 Join together; merge (5)
17 Retrieve (5)
18 Small crown (7)
20 Nestled together (7)
21 Come into view (6)
22 Wild animals (6)

Down

1 Senior members of a tribe (6)
2 Highly seasoned smoked beef (8)
3 Rule (5)
5 Demands forcefully (7)
6 Brave person; idol (4)
7 Showered (6)
8 Reliable (11)
13 A cephalopod (8)
14 Inclination (7)
15 Repeat performance (6)
16 Protects from direct sunlight (6)
17 Type of confection (5)
19 Ready to eat (of fruit) (4)

PUZZLE 130

Across

1 Fail to reach the required standard in an exam (5)
4 Factory for casting metal (7)
7 Decrease; lessen (5)
8 Putting into categories (8)
9 Extra component (3-2)
11 Relight a fire (8)
15 Enormous extinct creature (8)
17 Aperture in the eye (5)
19 Boxer (8)
20 Indian lute (5)
21 Pays no attention to (7)
22 Instruct; teach (5)

Down

1 End of a digit (9)
2 Sets free or releases (7)
3 Retaining (7)
4 Narrow tube with a wide top (6)
5 No one (6)
6 Imitative of the past (5)
10 Act of telling a story (9)
12 Request (7)
13 Percussion instrument (7)
14 Fierce or domineering woman (6)
16 Accustoms to something (6)
18 Exploiting (5)

PUZZLE 131

Across

1 Discussion aimed at reaching an agreement (11)
9 South American animal (5)
10 Number of toes (3)
11 Record on tape (5)
12 First Pope (5)
13 Lethargic (8)
16 Capital of Finland (8)
18 Midges (5)
21 Mortal (5)
22 Bat (anag.) (3)
23 Dry red wine (5)
24 Plan beforehand (11)

Down

2 Tympanic membrane (7)
3 Elongated rectangles (7)
4 Pictures (6)
5 Walk heavily and firmly (5)
6 Group of eight (5)
7 Examine in detail (11)
8 Component parts (11)
14 Road or roofing material (7)
15 Last in a series (7)
17 Envelop (6)
19 ___ Valletta: actress (5)
20 Go away from quickly (5)

PUZZLE 132

Across

1 Opposite of front (4)
3 Sears (8)
9 Additions to a document (7)
10 Denim (anag.) (5)
11 Clarity (12)
13 Underside of an arch (6)
15 Quickly (6)
17 Someone you know (12)
20 Tripod for an artist (5)
21 Lessen (7)
22 A period of 366 days (4,4)
23 Anxious; nervous (4)

Down

1 Wave or flourish a weapon (8)
2 Ciphers (5)
4 Possibility (6)
5 Money paid for work (12)
6 Involving active participation (5-2)
7 Soft drink (US) (4)
8 Separately (12)
12 Seriously (8)
14 Shrub with tubular flowers (7)
16 Festival (6)
18 Observed (5)
19 Meat from a calf (4)

PUZZLE 133

Across

1 Particles around a comet (4)
3 Tied up (8)
9 With reference to (7)
10 Chooses (5)
11 Climbing shrub (3)
12 Fat-like compound (5)
13 Consent to (5)
15 Work spirit (5)
17 First Greek letter (5)
18 Small social insect (3)
19 Pastoral poem (5)
20 Taking a break (7)
21 Plummet (8)
22 Dairy product (4)

Down

1 Act of making a statement clear (13)
2 Gloomy (5)
4 Christian festival (6)
5 Despair (12)
6 Instructions on how to cook dishes (7)
7 Deprived (13)
8 Stretched out completely (12)
14 Currents of air (7)
16 History play by Shakespeare (5,1)
18 Word of farewell (5)

PUZZLE 134

Across

1 Allows to happen (4)
3 Becoming tired (8)
9 Bodies of writing (7)
10 Religious table (5)
11 Inadequate (12)
13 Dung beetle (6)
15 Treeless Arctic region (6)
17 Type of contest (12)
20 Clean thoroughly; vegetation (5)
21 Provider of financial cover (7)
22 Be heavier than (8)
23 Long-running dispute (4)

Down

1 Most fortunate (8)
2 Gets weary (5)
4 Introduction (4-2)
5 Courtesy (12)
6 Chanted (7)
7 Pierce with a horn (4)
8 Not catching fire easily (3-9)
12 Hindered (8)
14 Very eager to get something (7)
16 Jumbling up (6)
18 Vast multitude (5)
19 Capital of Norway (4)

PUZZLE 135

Across

1 Trust or faith in (6)
7 Gives life to (8)
8 Fasten with stitches (3)
9 Songlike cries (6)
10 Cut of meat (4)
11 Spread by scattering (5)
13 Pilot (7)
15 Loud and hoarse (7)
17 Move on ice (5)
21 Stinging insect (4)
22 Lively Spanish dance (6)
23 Great sorrow (3)
24 Clock timing device (8)
25 Expert in a particular subject (6)

Down

1 Hits hard (6)
2 Legal practitioner (6)
3 Renowned (5)
4 Letter (7)
5 Summon to return (4,4)
6 Sheep known for its wool (6)
12 Wild prank (8)
14 Argue (7)
16 Became less intense (6)
18 Openly declared (6)
19 Scope (6)
20 Small airship (5)

PUZZLE 136

Across

1 Opposite of up (4)
3 Unify (8)
9 Snake (7)
10 Sharply inclined (5)
11 Level golf score (3)
12 Brown nut (5)
13 Consumer of food (5)
15 Chubby (5)
17 Take delight in (5)
18 Draw (3)
19 Anxious (5)
20 Wind together (7)
21 Speed up (8)
22 Creative disciplines (4)

Down

1 Act of vanishing (13)
2 Electrician (5)
4 Yield (6)
5 Repository for misplaced items (4,8)
6 Incomplete or lacking in detail (7)
7 Ebullience (13)
8 Working for oneself (4-8)
14 Hide (5-2)
16 Optimistic (6)
18 One who attempts (5)

PUZZLE 137

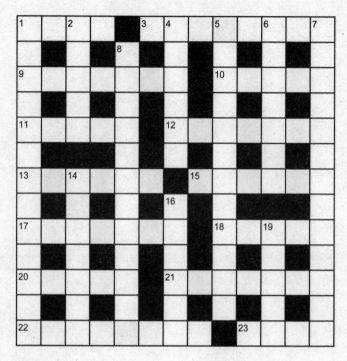

Across

1 Helper; assistant (4)
3 Evaluator (8)
9 Embarrassed (7)
10 Fishing net (5)
11 Person who goes on long walks (5)
12 Highest mountain (7)
13 Be preoccupied with (6)
15 Wall painting; mural (6)
17 Form of an element (7)
18 Amphibians (5)
20 Entice to do something (5)
21 Type of natural disaster (7)
22 Pet birds (8)
23 Cobras (4)

Down

1 Chronologically misplaced (13)
2 Imbibed (5)
4 Capital of New South Wales (6)
5 Someone who sets up their own business (12)
6 Streaks (anag.) (7)
7 Connections or associations (13)
8 Marksman (12)
14 Impresario (7)
16 Insect of the order Coleoptera (6)
19 Covers in paper (5)

PUZZLE 138

Across

1 Swift (5)
4 Skill (7)
7 Biological taxonomic grouping (5)
8 Trifling (8)
9 Very large (5)
11 Short film (8)
15 School pupils (8)
17 Undertaking something (5)
19 Person who shapes stone (8)
20 Harsh and serious (5)
21 Having an obscure meaning (7)
22 Pierced by a sharp object (5)

Down

1 Replied (9)
2 Type of pheasant (7)
3 Express strong condemnation of (7)
4 King's son (6)
5 Wretched (6)
6 Small firework (5)
10 Fully extended (9)
12 Confusing (7)
13 One more (7)
14 Catch or snare (6)
16 Plan; strategy (6)
18 Fish-eating mammal (5)

PUZZLE 139

Across

1 Exhausts (4)
3 Formed a mental concept of (8)
9 Try (7)
10 Songbirds (5)
11 Decay (5)
12 Japanese flower arranging (7)
13 Hostility (6)
15 Floors of a building (6)
17 Word having the same meaning as another (7)
18 Enthusiasm (5)
20 Consumed (of food) (5)
21 United States (7)
22 Emaciated (8)
23 Lies (anag.) (4)

Down

1 Brazenness (13)
2 Paved area (5)
4 Array of numbers (6)
5 Birds of prey (6,6)
6 Tell a story (7)
7 Unemotional (13)
8 Impudence (12)
14 Plant-eating aquatic mammal (7)
16 Leaping antelope (6)
19 Agitates a liquid (5)

PUZZLE 140

Across

1 Long and laborious work (4)
3 Puts up with something (8)
9 Japanese art of paper folding (7)
10 Quavering sound (5)
11 Pull at (3)
12 Self-respect (5)
13 Muscular tissue (5)
15 Protective containers (5)
17 Make a search (5)
18 Playing card (3)
19 Stare (anag.) (5)
20 Bridgelike structure (7)
21 Sit with legs wide apart (8)
22 Depend upon (4)

Down

1 Meteors (8,5)
2 Outstanding (of a debt) (5)
4 Steal (6)
5 Highly abstract (12)
6 Style of cooking (7)
7 Obviously (4-9)
8 Made (12)
14 Not as tall (7)
16 Type of spade (6)
18 Entertain (5)

PUZZLE 141

Across

1. Insults (11)
9. Freight (5)
10. Make a mistake (3)
11. Poisonous (5)
12. Finished (5)
13. Surrounded on all sides (8)
16. Morally compel (8)
18. Strange and mysterious (5)
21. Urticaria (5)
22. Consume food (3)
23. Unabridged (5)
24. Daring; bold (11)

Down

2. Imprecise (7)
3. Nocturnal carnivorous mammal (7)
4. Walk with long steps (6)
5. Call forth or cause (5)
6. Pattern (5)
7. Easily angered (3-8)
8. One who held a job previously (11)
14. Earthquake scale (7)
15. Upstart; one who has recently gained wealth (7)
17. Small North American lynx (6)
19. Judged; ranked (5)
20. Escape from (5)

PUZZLE 142

Across

1 Applaud (4)
3 Enclosure formed from upright stakes (8)
9 Prowlers (7)
10 Robber (5)
11 Speak without preparation (2-3)
12 Prior (7)
13 Expelled from office (6)
15 Short tune used in advertising (6)
17 Amino acid (7)
18 Sweet-scented shrub (5)
20 Ticked over (of an engine) (5)
21 State of being twisted (7)
22 In these times (8)
23 Unpleasant monster (4)

Down

1 Cooperation; alliance (13)
2 Fourth month (5)
4 Flipped a coin (6)
5 Butterfly larvae (12)
6 Enduring (7)
7 Fizz (13)
8 Foolish or stupid (6-6)
14 Lacking depth (7)
16 Soldier who keeps guard (6)
19 Not telling the truth (5)

PUZZLE 143

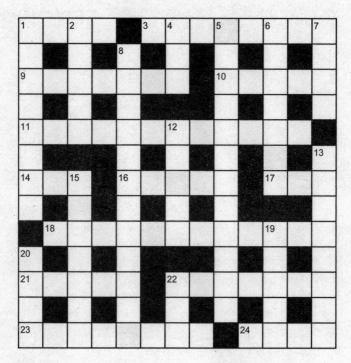

Across

1 Large stone (4)
3 Trudging (8)
9 Line of rulers (7)
10 Spirited horse (5)
11 Opposite of amateur (12)
14 Widely cultivated cereal grass (3)
16 Teacher (5)
17 Depression (3)
18 Boxing class division (12)
21 Rope with a running noose (5)
22 Stem the flow of (4,3)
23 Held out against (8)
24 Become healthy again (of a wound) (4)

Down

1 Reassign (8)
2 Major African river (5)
4 Put down (3)
5 Ill-mannered (12)
6 Country whose capital is Dublin (7)
7 Deities (4)
8 Intended to attract notice (12)
12 Woodland spirit (5)
13 Malicious (8)
15 Long locks of hair (7)
19 Small garden statue (5)
20 Smudge (4)
22 Use (anag.) (3)

PUZZLE 144

Across

1 Dice (anag.) (4)
3 Relating to education and scholarship (8)
9 Gathering of old friends (7)
10 Flatten on impact (5)
11 Snip (3)
12 Chopping (5)
13 Precise (5)
15 Internal parasites (5)
17 Rocky; harsh (5)
18 Intentionally so written (3)
19 Asian pepper plant (5)
20 Merry (7)
21 Overabundances (8)
22 A large number of (4)

Down

1 Irretrievable (13)
2 Eject lava (5)
4 Where one finds Quebec (6)
5 Displeased (12)
6 Thawing (7)
7 Unconditionally (13)
8 Orcas (6,6)
14 Living in water (7)
16 Style of popular music (6)
18 Capital of Bulgaria (5)

PUZZLE 145

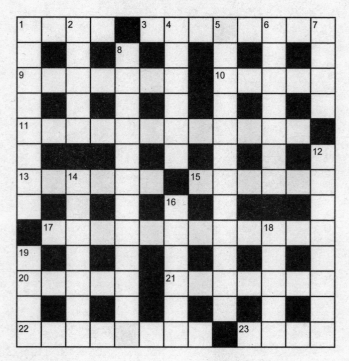

Across

1 River sediment (4)
3 Magician (8)
9 Aerial rescue (7)
10 Irritable (5)
11 Style of blues (6-6)
13 Coop up (6)
15 Harbinger of spring (6)
17 Sleepwalking (12)
20 Doctrine; system of beliefs (5)
21 Wash and iron (7)
22 Publicity (8)
23 Animal enclosure (4)

Down

1 State of total disorder (8)
2 In a slow tempo (of music) (5)
4 Capital of Canada (6)
5 Type of cloud (12)
6 Reconsider (7)
7 Light beams (4)
8 Insincere (12)
12 Trade (8)
14 Type of photographic shot (5-2)
16 Marble (anag.) (6)
18 Asian country (5)
19 Skin condition on the face (4)

PUZZLE 146

Across

1 Measure of the heat content of a system (8)
5 Celebration; festivity (4)
8 Incantation (5)
9 Unfamiliar (7)
10 Flowing profusely (7)
12 Make less intense (7)
14 Outer layer of a hair (7)
16 Earthly (7)
18 Restoration to life (7)
19 Completely; really (5)
20 Piece of office furniture (4)
21 Language used by an individual (8)

Down

1 The Orient (4)
2 Recurrent topics (6)
3 Assigned (9)
4 Fall quickly (6)
6 Infinitesimally small (6)
7 Renounce or reject (8)
11 Current state of affairs (6,3)
12 Responded to (8)
13 Flocks of animals (6)
14 Rode a bike (6)
15 e.g. a dog (6)
17 Lift something heavy (4)

PUZZLE 147

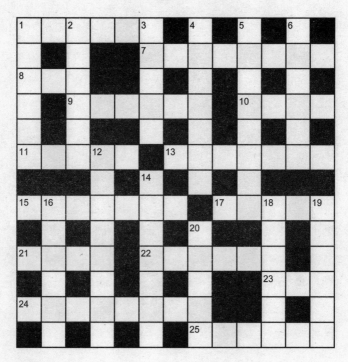

Across

1 Unmoving (6)
7 Letting happen (8)
8 Female pronoun (3)
9 Deciduous flowering shrub (6)
10 Time periods (4)
11 Device used to connect to the internet (5)
13 Irrigated (7)
15 Moving forward at speed (7)
17 Sully or blemish (5)
21 Brass instrument (4)
22 Contort (6)
23 Short sleep (3)
24 Revolted (8)
25 Cuts off (6)

Down

1 Division of a group (6)
2 Scared (6)
3 Telephones (5)
4 Yearbook (7)
5 Most saccharine (8)
6 Breathe in (6)
12 Etched into a surface (8)
14 Writing fluid holder (7)
16 In mint condition (6)
18 Geneva (anag.) (6)
19 Insect larvae (6)
20 Makes fast with ropes (5)

PUZZLE 148

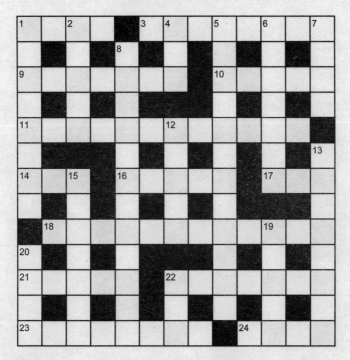

Across

1 Engrave with acid (4)
3 Diagrams (8)
9 Momentarily (7)
10 Short bolt or pin (5)
11 Large Brazilian city (3,2,7)
14 Decline (3)
16 The prevailing fashion (5)
17 Conciliatory gift (3)
18 Resistant to change (12)
21 Supple (5)
22 Not spiritual or sacred (7)
23 Think deeply for a period of time (8)
24 Fill up (4)

Down

1 Set out on a voyage (8)
2 Capital of Egypt (5)
4 Beam of light (3)
5 Persistence (12)
6 Turns upside down (7)
7 Locate or place (4)
8 Bubbling (12)
12 Foresee or predict (5)
13 Became visible (8)
15 Swollen (7)
19 Snow home (5)
20 Chemical salt used in dyeing (4)
22 Posed (3)

PUZZLE 149

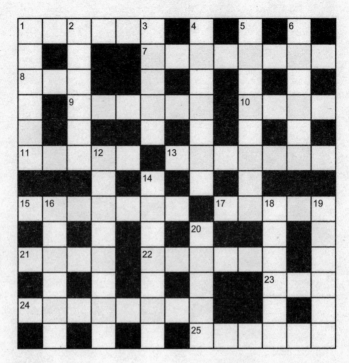

Across

1 Street musician (6)
7 Very annoying (8)
8 Pro (3)
9 Mistakes in printed matter (6)
10 Small social insects (4)
11 Act of stealing (5)
13 Move in an exaggerated manner (7)
15 Charm or enchant (7)
17 Vascular tissue in plants (5)
21 Thin fog (4)
22 Inside information (3-3)
23 Bath vessel (3)
24 Disease caused by a lack of thiamine (8)
25 Climbing tool (6)

Down

1 Meal where guests serve themselves (6)
2 Tranquil (6)
3 Direct competitor (5)
4 Friendly (7)
5 Finance department (8)
6 Adhesive putty (6)
12 Ornamental structure in a pool (8)
14 Planned (7)
16 Left (6)
18 Elevated off the ground (6)
19 One who belongs to a group (6)
20 Ruin (5)

PUZZLE 150

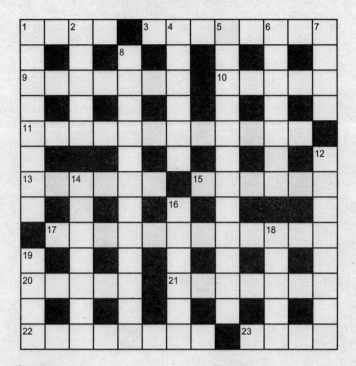

Across

1 Cries (4)
3 Unrealistic (8)
9 Apprehensive (7)
10 Unpleasant giants (5)
11 Act of sending a message (12)
13 Groups of sheep (6)
15 Gas we breathe (6)
17 Changes to a situation (12)
20 Welsh breed of dog (5)
21 Compete (7)
22 Defector (8)
23 Main acting part (4)

Down

1 Consecrate (8)
2 Country in South East Asia (5)
4 Attack (6)
5 Question in great detail (5-7)
6 220 yards (7)
7 Tilt to one side (4)
8 The management of a home (12)
12 Unequal; biased (3-5)
14 Conquer by force (7)
16 Expressed something in words (6)
18 Female relation (5)
19 Skin mark from a wound (4)

PUZZLE 151

Across

1 Identical (4)
3 Admitted (8)
9 Friendless (7)
10 Standards (5)
11 Polite address for a man (3)
12 Similar (5)
13 Praise enthusiastically (5)
15 Fills a suitcase (5)
17 Expel air abruptly (5)
18 Pouch; enclosed space (3)
19 Golf clubs (5)
20 Pope (7)
21 Estimating (8)
22 Narrate (4)

Down

1 Deep consideration of oneself (4-9)
2 Type of tooth (5)
4 Least young (6)
5 Recovering from illness (of a person) (12)
6 Less clean (7)
7 Rude (13)
8 Excessive stress (12)
14 Simple sugar (7)
16 Ticket (6)
18 Strike (5)

PUZZLE 152

Across

1 In unbroken sequence (11)
9 SI unit of luminous flux (5)
10 Obtained (3)
11 Leader or ruler (5)
12 Give a solemn oath (5)
13 Secret relationships (8)
16 Boundary mark of a tennis court (8)
18 Pulls along forcefully (5)
21 Proceeding from the pope (5)
22 Lubricate (3)
23 Small house (5)
24 Act of publishing in several places (11)

Down

2 Passing around a town (of a road) (7)
3 Concerned just with oneself (7)
4 Meet or find by chance (4,2)
5 Outdoor shelters (5)
6 Not clearly stated (5)
7 Not necessary (8,3)
8 Narrator (11)
14 Storm (7)
15 River of South East Africa (7)
17 Sour to the taste (6)
19 Alleviate (5)
20 Dish of mixed vegetables (5)

PUZZLE 153

Across

1 Remove contaminants from (6)
4 Parts of church towers (6)
9 Make mentally fatigued (7)
10 Plunderers (7)
11 English homework assignment (5)
12 Pastime (5)
14 Transmits (5)
15 Automaton (5)
17 Grin (5)
18 Stipulation (7)
20 Incandescent (7)
21 Abandon (6)
22 Mammal related to the llama (6)

Down

1 Breathless (6)
2 Assimilate again (8)
3 Blurry (5)
5 Social outcasts (7)
6 Thick cord (4)
7 Sloppy (6)
8 Phraseology (11)
13 Roman building (8)
14 Stirred (anag.) (7)
15 Torn (of clothes) (6)
16 Figure of speech (6)
17 Capital of South Korea (5)
19 Blades for rowing a boat (4)

PUZZLE 154

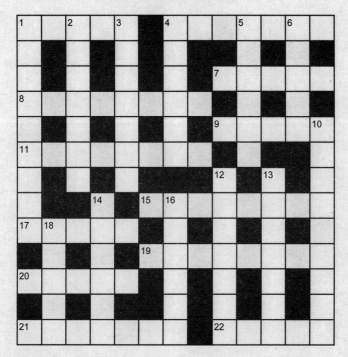

Across

1 Underwater breathing device (5)
4 Famous Italian astronomer (7)
7 Joins in a game (5)
8 Sharply discordant (8)
9 Steals (5)
11 Kept hold of (8)
15 Sharp heel (8)
17 Rescues (5)
19 Containing less oxygen than usual (of air) (8)
20 Speed in nautical miles per hour (5)
21 Precisely (7)
22 Hazardous; dangerous (5)

Down

1 Magicians (9)
2 Dig out of the ground (7)
3 Old-fashioned (7)
4 Grime or dirt (6)
5 Ice homes (6)
6 Country in North East Africa (5)
10 Of lesser importance (9)
12 Secret agent (7)
13 Walks with long steps (7)
14 Manic (6)
16 Of inferior quality (6)
18 Attach to (5)

PUZZLE 155

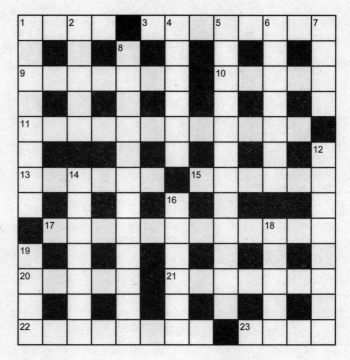

Across

1   Part of a pedestal (4)
3   Showed indifference (8)
9   Catching (7)
10 Scowl (5)
11 Impossible to achieve (12)
13 Clever (6)
15 Workroom of a painter (6)
17 Variety of wildlife in an area (12)
20 Having three dimensions (5)
21 Containerful (7)
22 Kitchen sideboards (8)
23 Small particles of stone (4)

Down

1   Upsets; agitates (8)
2   Stage play (5)
4   Scottish dish (6)
5   Uncomplimentary (12)
6   Grumbled (7)
7   Eat at a restaurant (4)
8   Easy targets (7,5)
12 Knowing many
    languages (8)
14 Friendly (7)
16 Graphical representation
    of a person (6)
18 Conclude; deduce (5)
19 Move fast in a straight
    line (4)

PUZZLE 156

Across

1. Delude (4)
3. Exceptional (8)
9. Not carrying weapons (7)
10. Theme for a discussion (5)
11. Relaxed; not tense (5)
12. Variety of rummy (7)
13. Sea journey undertaken for pleasure (6)
15. World's largest country (6)
17. The exposure of bedrock (7)
18. Narrow openings (5)
20. Small woody plant (5)
21. Mournful (7)
22. Blushed (8)
23. Lofty (4)

Down

1. Betrayer (6-7)
2. Musical instrument (5)
4. Attract powerfully (6)
5. Device for putting out fires (12)
6. Exerts control over (7)
7. Lazy (13)
8. Limitless (12)
14. Spoke (7)
16. Ball-shaped object (6)
19. Balearic island (5)

PUZZLE 157

Across

1 Liked sea (anag.) (8)
5 Slender woody shoot (4)
8 Mingle with something else (5)
9 Flexible athlete (7)
10 One event in a sequence (7)
12 Helicopter (7)
14 Tumbled from a horse (7)
16 Natural environment (7)
18 Formal speech (7)
19 Bungle (5)
20 Takes to court (4)
21 Immediately after this (8)

Down

1 Incline (4)
2 Japanese dress (6)
3 Group of six (9)
4 Sharp knife (6)
6 Fighting instrument (6)
7 Assembled (8)
11 Impossible to see (9)
12 Buffers (8)
13 On fire (6)
14 Attitude or body position (6)
15 Portable computer (6)
17 Opposite of thick (4)

PUZZLE 158

Across

1 Topics for debate (6)
4 Meal eaten outdoors (6)
9 Aromatic herb (7)
10 Serving no purpose (7)
11 Expect to happen (5)
12 Tease or pester (5)
14 Large tree (5)
15 Store of hoarded wealth (5)
17 Headdress of a monarch (5)
18 Underwater projectile (7)
20 Day of rest and worship (7)
21 Child's toy (6)
22 Seller (6)

Down

1 Line of equal pressure on a map (6)
2 Plot outline for a play (8)
3 Make law (5)
5 Thoroughly (2,5)
6 Back of the neck (4)
7 Form-fitting garment (6)
8 Betray (6-5)
13 Unexpected and inappropriate (8)
14 Torment or harass (7)
15 Stifled laugh (6)
16 Heavy metal weight used by a ship (6)
17 Strong thick rope (5)
19 Speak in a wild way (4)

PUZZLE 159

Across

1 Relating to construction (8)
5 Con; swindle (4)
8 Uptight (5)
9 Support or strengthen (7)
10 Equilateral parallelogram (7)
12 Intention (7)
14 Nasal cavities (7)
16 Revival (7)
18 Evaded (7)
19 Commerce (5)
20 Hindu spiritual discipline (4)
21 Individuality (8)

Down

1 Skirt worn by ballerinas (4)
2 Bestow (6)
3 Be too intense for (9)
4 Ursine (anag.) (6)
6 Peevish and annoyed (6)
7 Curved surface of a liquid in a tube (8)
11 Long-armed ape (5-4)
12 Shop selling medicinal drugs (8)
13 Elongated rectangle (6)
14 Protected from direct sunlight (6)
15 Sightseeing trip in Africa (6)
17 Tax (4)

PUZZLE 160

Across

1 Irrelevant pieces of information (6)
7 Cloth or fabric (8)
8 Water barrier (3)
9 Musical works (6)
10 Adolescent (abbrev.) (4)
11 Tiny arachnids (5)
13 Grabbing hold of (7)
15 The beginning of the universe (3,4)
17 Army rank (5)
21 Respiratory organ of fish (4)
22 Ambled (6)
23 Superhuman being (3)
24 Roman leaders (8)
25 e.g. spring or winter (6)

Down

1 Boredom (6)
2 Monist (anag.) (6)
3 Wrong (5)
4 Stored away (7)
5 Single-celled organisms (8)
6 Grotto (6)
12 Give someone the courage to do something (8)
14 Technical knowledge (4-3)
16 Expressions (6)
18 Arbiters (6)
19 Blush (6)
20 Consecrate (5)

PUZZLE 161

Across

1 Religious group (4)
3 Opposition to war (8)
9 Boorish (7)
10 Deceives or misleads (5)
11 Edible nut (3)
12 Plants of a region (5)
13 Debate in a heated manner (5)
15 Double-reed instruments (5)
17 Loathe (5)
18 Regret with sadness (3)
19 Compass point (5)
20 Let out (7)
21 Sinking down (8)
22 Give out (4)

Down

1 Complete in itself (of a thing) (4-9)
2 Tiny piece of food (5)
4 Feeling a continuous dull pain (6)
5 Not capable of justification (12)
6 Make better (7)
7 Ineptitude in running a business (13)
8 Absolute authority in any sphere (12)
14 Fast musical composition (7)
16 Move faster than (6)
18 Kingdom (5)

PUZZLE 162

Across

1 Conflict (6)
4 Averts something bad (6)
9 Tragedy by Shakespeare (7)
10 Widespread; pandemic (7)
11 Restraint for an animal (5)
12 Grave and serious (5)
14 Concerning (5)
15 Derisive smile (5)
17 Damp (5)
18 Random criticism (7)
20 Make more entertaining (7)
21 Pieces of writing (6)
22 Egyptian god (6)

Down

1 Figure of speech (6)
2 Reload (8)
3 Recently made (5)
5 Highest (7)
6 Entry document (4)
7 Zone (6)
8 Device for measuring time (11)
13 Person who has religious faith (8)
14 Curved structure forming a passage (7)
15 Lying on the back (6)
16 Supplies sparingly (6)
17 Thaws (5)
19 Becomes brown in the sun (4)

PUZZLE 163

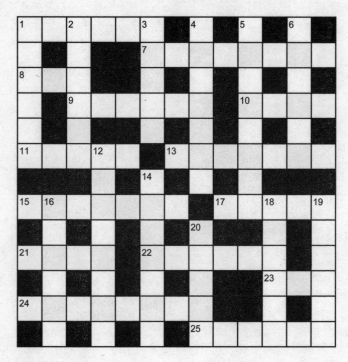

Across

1 Cleans with water (6)
7 Hot and humid (8)
8 Performance by a musician (3)
9 Composite of different species (6)
10 Sixth Greek letter (4)
11 Impudent; cheeky (5)
13 Evergreen conifer (7)
15 Steadfast (7)
17 Small motor-racing vehicles (5)
21 Ruminant mammal (4)
22 Attributes (6)
23 Range of knowledge (3)
24 And so on (2,6)
25 Donors (anag.) (6)

Down

1 Gambles (6)
2 Landmarks; spectacles (6)
3 Keep (5)
4 These follow Sundays (7)
5 Type of restaurant (8)
6 Squanders (6)
12 Bushy-tailed rodent (8)
14 Spread widely (7)
16 Robberies (6)
18 Dared; exposed to danger (6)
19 Causes a sharp pain (6)
20 Sheikhdom on the Persian Gulf (5)

PUZZLE 164

Across

1 Mocked (6)
4 Agreement (6)
9 Saying (7)
10 Excess (7)
11 Short simple song (5)
12 Crouch down in fear (5)
14 Plots; schemes (5)
15 Attendant upon God (5)
17 Piece of code to automate a task (5)
18 European country (7)
20 Return to a former state (7)
21 Get by with what is available (4,2)
22 Opposite of open (6)

Down

1 Fast-flowing part of a river (6)
2 Enhancing; encouraging (8)
3 Military opponent (5)
5 Clergymen (7)
6 Seep; exude (4)
7 Medical practitioner (6)
8 Painting genre (8,3)
13 Viewers (8)
14 Fell quickly (7)
15 Chamber of the heart (6)
16 Awakened (6)
17 Tycoon (5)
19 Perfume ingredient (4)

PUZZLE 165

Across

1 Very cold (of weather) (6)
7 Truly (8)
8 Wonder (3)
9 Graduates of a college (6)
10 Live (anag.) (4)
11 Covered with powdery dirt (5)
13 Given; bequeathed (7)
15 Cure-alls (7)
17 Draw or bring out (5)
21 Protective crust over a wound (4)
22 Central parts of cells (6)
23 Excessively (3)
24 Pursuit of pleasure (8)
25 Adjust in advance of its use (6)

Down

1 Astonished (6)
2 Washes (6)
3 Ringing sound (5)
4 Military flags (7)
5 Space rock (8)
6 Flatfish (6)
12 Manual of instruction (8)
14 Frenzied (7)
16 Passed the tongue over (6)
18 Joins together (6)
19 Exertion (6)
20 Rascal (5)

PUZZLE 166

Across

1 Busy (8)
5 Route (4)
8 Loosened (5)
9 Praise strongly (7)
10 Explain in detail (7)
12 Poured with rain (7)
14 In a friendly manner (7)
16 Winged horse (7)
18 Meatier (anag.) (7)
19 e.g. iron or copper (5)
20 Canines (4)
21 Surprised (8)

Down

1 Cooking appliance (4)
2 Trigonometric function (6)
3 Bases for statues (9)
4 Avoided (6)
6 Calculating machine (6)
7 Atmospheric moisture (8)
11 Actor (9)
12 Give guidance to (8)
13 Getting older (6)
14 Agreement (6)
15 Savage (6)
17 Ran away (4)

PUZZLE 167

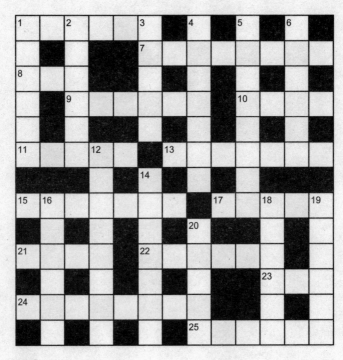

Across

1 Thin layer of sedimentary rock (6)
7 Mythical sea creatures (8)
8 Prevent (3)
9 Crackle (6)
10 Sailing ship (4)
11 Seals (anag.) (5)
13 Declared (7)
15 Debate (7)
17 Looked at open-mouthed (5)
21 Repeat (4)
22 Gives a description of (6)
23 Touch gently (3)
24 Concurring (8)
25 Physical item (6)

Down

1 Identifying tags (6)
2 Small piece of food (6)
3 Astonish (5)
4 Cleaned its feathers (of a bird) (7)
5 Capital of Australia (8)
6 Tips and instruction (6)
12 Surrounds on all sides (8)
14 Sterile (7)
16 Time of widespread glaciation (3,3)
18 Grinding tool (6)
19 Tyrant (6)
20 Foreign language (informal) (5)

PUZZLE 168

Across

1. Not held up (11)
9. Sign of the zodiac (5)
10. Sprite (3)
11. Wash one's body in water (5)
12. Herb (5)
13. Teach (8)
16. Study the night sky (8)
18. Screams (5)
21. Mistaken (5)
22. Auction item (3)
23. Noble gas (5)
24. Watching over one's flock (11)

Down

2. Most tidy (7)
3. Discard from memory (7)
4. Communal (6)
5. Respond to (5)
6. Enlighten; educate morally (5)
7. Book lover (11)
8. Stretch out completely (11)
14. Expressed disapproval facially (7)
15. e.g. chlorine or bromine (7)
17. Walk laboriously (6)
19. Timepiece (5)
20. Device for sharpening razors (5)

PUZZLE 169

Across

1 Monstrous creature (8)
5 Goad on (4)
8 Accumulate (5)
9 Render utterly perplexed (7)
10 Conquered by force (7)
12 Animal fat (7)
14 Contrary to (7)
16 Pleased (7)
18 Flat highland (7)
19 Sense experience (5)
20 Geek (4)
21 A magical quality (8)

Down

1 Bars (anag.) (4)
2 Involving direct confrontation (4-2)
3 False opinion (9)
4 Connective tissue (6)
6 Meagre (6)
7 Sonorous (8)
11 Large digging machine (9)
12 Key person in a business (8)
13 Domestic assistant (2,4)
14 Alter or move slightly (6)
15 Capital of the Bahamas (6)
17 Opening for air; outlet (4)

PUZZLE 170

Across

1 Mischievous sprites (4)
3 Usain Bolt is one (8)
9 Promising young actress (7)
10 Kind of wheat (5)
11 Stomach (3)
12 Stem of an arrow (5)
13 Settle for sleep (of birds) (5)
15 The Hunter (constellation) (5)
17 Frostily (5)
18 Argument against something (3)
19 Bring into a line (5)
20 Finished (3,4)
21 Ragged (8)
22 Spoken test (4)

Down

1 Petty (13)
2 Length of interlaced hair (5)
4 Edible plant tuber (6)
5 Dimly; not clearly (12)
6 Patio or veranda (7)
7 Device for changing TV channel (6,7)
8 Ability to see the future (12)
14 Snobbish (7)
16 Crazy (6)
18 Conceal (5)

PUZZLE 171

Across

1 Dough used for pies (6)
4 Pertaining to life (6)
9 Ship worker (7)
10 Draws aimlessly (7)
11 West Indian dance (5)
12 Iffy (5)
14 Profits (5)
15 Tool for boring holes (5)
17 Spiritual nourishment (5)
18 Unit of electric charge (7)
20 Viewing (7)
21 Competition stages (6)
22 Organic compounds (6)

Down

1 Type of relish (6)
2 Cooking over boiling water (8)
3 Lover of Juliet (5)
5 Encroachments (7)
6 Ring a bell (4)
7 Stylish (6)
8 Incapable of being split (11)
13 Non-functioning period (8)
14 Brushed the coat of (an animal) (7)
15 Bow and arrow expert (6)
16 Angers (anag.) (6)
17 Natural satellites (5)
19 Official language of Pakistan (4)

PUZZLE 172

Across

1 Country in central Africa (6)
7 Experiencing great hunger (8)
8 Seed of an apple (3)
9 Recently (6)
10 Parched (4)
11 Exposes to danger (5)
13 Part of a chair (7)
15 Unit of heat energy (7)
17 Show triumphant joy (5)
21 Anti-aircraft fire (4)
22 Very brave and courageous (6)
23 Research place (abbrev.) (3)
24 Tree of the birch family (8)
25 Chase (6)

Down

1 Current of air (6)
2 Trees with lobed leaves (6)
3 Trembling poplar (5)
4 Wood cutters (7)
5 Female pilot (8)
6 Heavy iron blocks (6)
12 Striking noisily (8)
14 Pugilist (7)
16 In flower (6)
18 Male relatives (6)
19 Topple (6)
20 Donald ___ : US
President (5)

PUZZLE 173

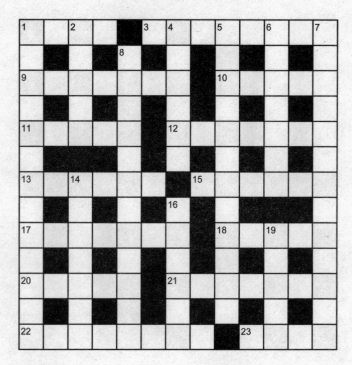

Across

1 Common seabird (4)
3 Scatter upon impact (8)
9 Sheer dress fabric (7)
10 Device that splits light (5)
11 Tortilla topped with cheese (5)
12 Voter (7)
13 Flourish (6)
15 Belt worn round the waist (6)
17 Prompts (7)
18 Follow the position of (5)
20 Evade (5)
21 Feeling jealous (7)
22 Christmas season (8)
23 Jealousy (4)

Down

1 Amiably (4-9)
2 Good sense; reasoning (5)
4 Made a request to God (6)
5 Showing gratitude (12)
6 Distorted (7)
7 Pitilessly (13)
8 Awkward (12)
14 Reconstruct (7)
16 Go up (6)
19 Decorate (5)

PUZZLE 174

Across

1 Tenders (4)
3 Least dear (8)
9 Strips of wood (7)
10 Answer (5)
11 Vagrancy (12)
14 Not (anag.) (3)
16 Stare at fiercely (5)
17 That vessel (3)
18 Give a false account of (12)
21 Fruit of the oak (5)
22 Build in a certain place (7)
23 Distinction; high status (8)
24 Items that unlock doors (4)

Down

1 New World quail (8)
2 Piece of information (5)
4 Possesses (3)
5 Agreements; plans (12)
6 Uncovers; reveals (7)
7 Playthings (4)
8 Hostile aggressiveness (12)
12 Steep slope (5)
13 Small falcons (8)
15 Capital of Kenya (7)
19 Rub out (5)
20 Freedom from difficulty or hardship (4)
22 Dry (of wine) (3)

PUZZLE 175

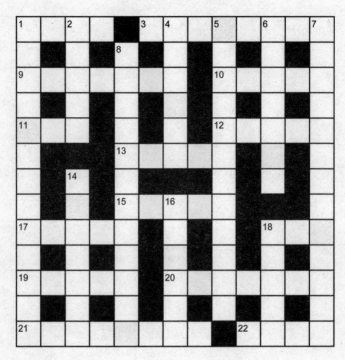

Across

1 Persuade gently (4)
3 Making law (8)
9 Soaking up (7)
10 Original; new (5)
11 Era (anag.) (3)
12 Two times (5)
13 External (5)
15 Expressing emotions (of poetry) (5)
17 All (5)
18 Cry (3)
19 Period of time in history (5)
20 Decorative altar cloth (7)
21 Draws quickly (8)
22 Poker stake (4)

Down

1 Militant aggressiveness (13)
2 Fruit (5)
4 Gold lump (6)
5 Building (12)
6 Type of bill (7)
7 50th anniversary of a major event (6,7)
8 Written in pictorial symbols (12)
14 Plant of the buttercup family (7)
16 Fund-raising lottery (6)
18 Silk fabric (5)

PUZZLE 176

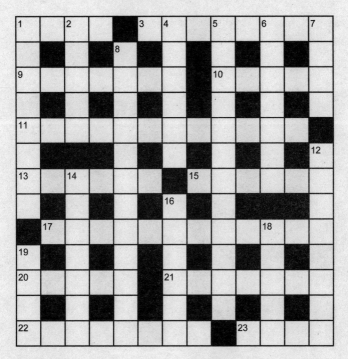

Across

1 Soft or soggy mass (4)
3 Gives up any hope (8)
9 Agitate; bother (7)
10 Correct (5)
11 Author of screenplays (12)
13 Nearly (6)
15 Whipped cream dessert (6)
17 Antique; not modern (3-9)
20 Rotate (5)
21 Imaginary line around the earth (7)
22 Irritating (8)
23 Country bordered by Libya and Sudan (4)

Down

1 Base of a statue (8)
2 Roles (anag.) (5)
4 Nudges out of the way (6)
5 Penny-pinching (12)
6 Act of entering (7)
7 Hardens (4)
8 Resolutely (12)
12 Provided a service (8)
14 Large number (7)
16 Toward the rear of a ship (6)
18 Indentation; nick (5)
19 Volcano in Sicily (4)

PUZZLE 177

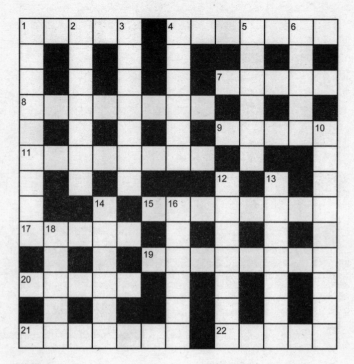

Across

1 Evil spirit (5)
4 Extensive domains (7)
7 Manners of walking (5)
8 Fictitious (8)
9 Contented cat sounds (5)
11 Reads out (8)
15 Recreational area for children (8)
17 Be alive; be real (5)
19 Higher in rank (8)
20 Makes a garment from wool (5)
21 Opposite (7)
22 Shy (5)

Down

1 Begin to grow (of a seed) (9)
2 Art of public speaking (7)
3 Rational; reasonable (7)
4 Large property with land; holding (6)
5 Son of Daedalus in Greek mythology (6)
6 Trees (anag.) (5)
10 Went underwater (9)
12 Prepare for printing (7)
13 Small amount (7)
14 Insect that transmits sleeping sickness (6)
16 French museum (6)
18 Heavy noble gas (5)

PUZZLE 178

Across

1 Soft felt hat (6)
7 Increase rapidly (8)
8 Round bread roll (3)
9 Criminal (6)
10 School test (4)
11 Indoor game (5)
13 Continue with (7)
15 Plotter (7)
17 Saying (5)
21 Midge (4)
22 Long-legged rodent (6)
23 Sound that a cow makes (3)
24 Wrapper for a letter (8)
25 Officially cancel (6)

Down

1 Legendary; mythical (6)
2 State capital of Colorado (6)
3 Apart from (5)
4 Large rock (7)
5 Completely preoccupied with (8)
6 Forever (6)
12 Decade from 1920 - 1929 (8)
14 e.g. shrimp or crab (7)
16 Written rules for church policy (6)
18 With hands on the hips (6)
19 Reveal (6)
20 Programmer (5)

PUZZLE 179

Across

1 Not genuine (8)
5 Freezes over (4)
8 Amide (anag.) (5)
9 Plant with bright flowers (7)
10 Brother's children (7)
12 Defective (7)
14 Take a seat (3,4)
16 Drive back by force (7)
18 Sets fire to (7)
19 The furnishings in a room (5)
20 Men (4)
21 People who clean with brooms (8)

Down

1 Unspecified in number (4)
2 Unfastens (6)
3 Initial (9)
4 Straighten out (6)
6 Large eel (6)
7 Area of the zodiac (4,4)
11 Game bird (9)
12 Infallible (8)
13 Frankly (6)
14 Change rapidly from one position to another (6)
15 Prophet (6)
17 Part of the eye (4)

PUZZLE 180

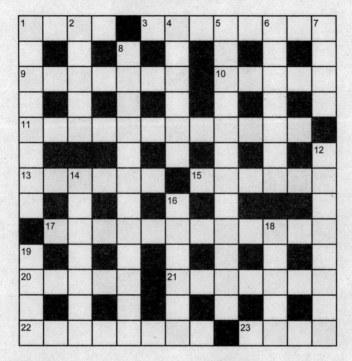

Across

1 Consumes (4)
3 Neat and smart (5-3)
9 Creepiest (7)
10 U-shaped curve in a river (5)
11 Intolerable (12)
13 Emulated (6)
15 Pursued (6)
17 Significant (12)
20 Have an irritating effect (5)
21 Assume (7)
22 Salad sauce (8)
23 Proofreader's mark (4)

Down

1 Telescope lens (8)
2 Rotates (5)
4 Alphabetical character (6)
5 Therapeutic use of plant
   extracts (12)
6 Small stones (7)
7 Urban area (4)
8 Altruism (12)
12 Person who supports a
   cause (8)
14 Official proving of a will (7)
16 More likely than not (4-2)
18 Puff up; swell (5)
19 Matured (4)

PUZZLE 181

Across

1 Respite (6)
7 Uneasy (8)
8 Violate a law of God (3)
9 From Denmark (6)
10 Walked or stepped (4)
11 Wild dog of Australia (5)
13 Sets of clothes (7)
15 Satisfy a desire (7)
17 Wide-awake (5)
21 Ewers (4)
22 Go from one place to another (6)
23 Increase in amount (3)
24 Italian cheese (8)
25 Hankers after (6)

Down

1 Took it easy (6)
2 Capital of England (6)
3 Fragile (5)
4 Narrow strip of land (7)
5 Lazy (8)
6 Bodyguard (6)
12 Grisly (8)
14 Fact of being overly absorbed in oneself (7)
16 Type of confectionery (6)
18 Cream pastry (6)
19 Buys and sells goods (6)
20 Shrewd (5)

PUZZLE 182

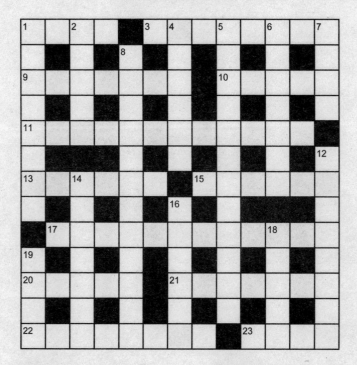

Across

1 Desire; hope for (4)
3 Floating masses of frozen water (8)
9 Staring (anag.) (7)
10 A central point (5)
11 Imitator (12)
13 Slacken (6)
15 For a short time (6)
17 Lost in thought (6-6)
20 Spiny yellow plant (5)
21 Character in Hamlet (7)
22 Sparsely (8)
23 Derive the benefits (4)

Down

1 Fighters (8)
2 Scheme intended to deceive (3-2)
4 Universe (6)
5 Boxing class (12)
6 Pasta pockets (7)
7 Performance by one actor (4)
8 Action of breaking a law (12)
12 Car light (8)
14 Country in West Africa (7)
16 Walk casually (6)
18 Research deeply (5)
19 Hens lay these (4)

PUZZLE 183

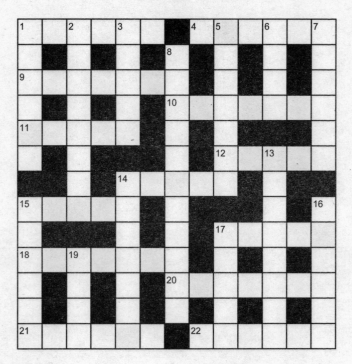

Across

1 Proviso in a contract (6)
4 Gambol (6)
9 Tumult (7)
10 Totally (7)
11 Abatement (5)
12 Crustacean like a shrimp (5)
14 Not true (5)
15 Venomous snake (5)
17 e.g. mallards (5)
18 Blocked up (7)
20 Burst violently (7)
21 Affair; topic (6)
22 Imminent danger (6)

Down

1 Bovine animals (6)
2 Small landing and take-off area (8)
3 Sailing boat (5)
5 Excessive bureaucracy (3,4)
6 Fibber (4)
7 Deep gorge (6)
8 Of noble birth (4-7)
13 Short account of an incident (8)
14 Easily broken (7)
15 Person subject to an attack (6)
16 State confidently (6)
17 Extent (5)
19 Leave out (4)

PUZZLE 184

Across

1 Access illegally (4)
3 Believes tentatively (8)
9 Accuse of a wrong (7)
10 Strangely (5)
11 In a greedy manner (12)
14 Belonging to him (3)
16 Armistice (5)
17 Diving bird (3)
18 Overstatement (12)
21 Stadium (5)
22 Unit of square measure (7)
23 An indirect implication (8)
24 Finish (4)

Down

1 Worrying problem (8)
2 The papal court (5)
4 Pot (3)
5 Bump (12)
6 Mark written under the letter c (7)
7 Utters (4)
8 Break up (12)
12 Accustom (5)
13 Superficial (4-4)
15 A score less four (7)
19 Paint (anag.) (5)
20 Country where one finds Bamako (4)
22 Did possess (3)

PUZZLE 185

Across

1 Stick to (6)
4 Body of running water (6)
9 Keepsake; reminder (7)
10 Responses (7)
11 Stiff with age (5)
12 Take illegally (5)
14 Type of plastic; record (5)
15 Small tuned drum (5)
17 Overcomes (5)
18 Express severe disapproval of (7)
20 Material made from animal skin (7)
21 Metamorphic rock (6)
22 Without affection (6)

Down

1 Value; respect (6)
2 Simple and unsophisticated (8)
3 Tall and slim (5)
5 Considerate; diplomatic (7)
6 At any time (4)
7 Botch (4-2)
8 Luckily (11)
13 Unclean (8)
14 Books forming a whole work (7)
15 Arm muscle (6)
16 Far from the intended target (6)
17 Shout of appreciation (5)
19 Ark builder (4)

PUZZLE 186

Across

1 Lock lips (4)
3 Rural (8)
9 Chemical element (7)
10 Long pointed elephant teeth (5)
11 Use of words that mimic sounds (12)
13 Fame (6)
15 Hold fast (6)
17 Determined (6-6)
20 Quartzlike gems (5)
21 Give up (7)
22 Our galaxy (5,3)
23 Optical device (4)

Down

1 Musical instrument (8)
2 Fight (3-2)
4 Frolic (6)
5 Relating to horoscopes (12)
6 Create a positive feeling in a person (7)
7 Facial feature (4)
8 Ruinously (12)
12 Marriages (8)
14 Trap for the unwary (7)
16 Large lizard (6)
18 Shelf (5)
19 Standard (4)

PUZZLE 187

Across

1 Egg-shaped solids (6)
4 Mouse sound (6)
9 Piece of furniture (7)
10 People who make money (7)
11 Religious groups (5)
12 Lives (anag.) (5)
14 Folded back part of a coat (5)
15 Saying (5)
17 Apprehended with certainty (5)
18 Wavering vocal quality (7)
20 Strange or mysterious (7)
21 Avaricious (6)
22 Get away from (6)

Down

1 Strangest (6)
2 Cloudy (8)
3 Amounts of medicine (5)
5 Argument (7)
6 Sea eagle (4)
7 US state with capital Topeka (6)
8 Extremely steep (11)
13 Sleep disorder (8)
14 Found (7)
15 Affecting the emotions (6)
16 Biochemical catalyst (6)
17 Strikes with the foot (5)
19 Digestive juice (4)

PUZZLE 188

Across

1 Having pains (4)
3 Winding strands about each other (8)
9 Sophisticated hair style (7)
10 Body of water (5)
11 Bewilderment (12)
14 Sphere or globe (3)
16 Nationality of Oscar Wilde (5)
17 Female kangaroo (3)
18 And also (12)
21 Part of the hand (5)
22 Herb related to parsley (7)
23 Extremely accomplished (8)
24 Woes; problems (4)

Down

1 Make used to (8)
2 Verse form (5)
4 Came first (3)
5 Cheated someone financially (5-7)
6 Freezing (3-4)
7 Unit of heredity (4)
8 Not able to be confirmed (12)
12 Excuse of any kind (5)
13 Uses again (8)
15 Parasitic insects (7)
19 Floor of a building (5)
20 Individual article or unit (4)
22 Mountain pass (3)

PUZZLE 189

Across

1 Jewel (8)
5 Metallic element (4)
8 Purchaser (5)
9 Powdered spice (7)
10 Beg (7)
12 In an unspecified manner (7)
14 Zeppelin (7)
16 Came into view (7)
18 Container releasing a fine
   spray (7)
19 Possessor (5)
20 Movement of water causing a
   small whirlpool (4)
21 Bring together (8)

Down

1 Large desert in Asia (4)
2 Chaos (6)
3 Whipping (9)
4 Son of one's brother or
   sister (6)
6 Iridaceous plants (6)
7 Rubbish (8)
11 Consequently (9)
12 Love song (8)
13 Swerved (6)
14 Mature people (6)
15 Mix socially (6)
17 At liberty (4)

PUZZLE 190

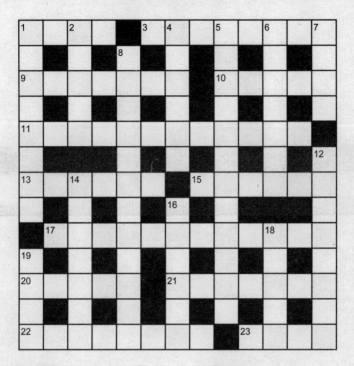

Across

1 Mission (4)
3 Sheath for a sword (8)
9 Widely (7)
10 Cancel (5)
11 Bewitchingly (12)
13 Elaborately adorned (6)
15 Stick of wax (6)
17 Pertaining to a person's life (12)
20 Friend (Spanish) (5)
21 Caused by motion (7)
22 Accented (8)
23 Garden outbuilding (4)

Down

1 Work surface (8)
2 Indifferent to emotions (5)
4 Wolflike wild dog (6)
5 Forcible indoctrination (12)
6 Segmented worm (7)
7 Boring (4)
8 Beneficial (12)
12 Translucently clear (8)
14 Not as quiet (7)
16 Fester (6)
18 Receive a ball in one's hands (5)
19 Natural oily substances (4)

PUZZLE 191

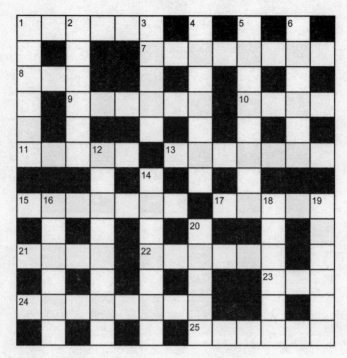

Across

1 Greek goddess of wisdom (6)
7 Body movements that convey meaning (8)
8 Entirely (3)
9 Pungent condiment (6)
10 Flashing point on a radar screen (4)
11 Unfortunately (5)
13 Strongly influencing later developments (7)
15 Walked quickly (7)
17 Hard chalcedony (5)
21 Ingredient in vegetarian cooking (4)
22 Periods of history (6)
23 e.g. Hedwig in Harry Potter (3)
24 Not necessary (8)
25 Firmly fixed (6)

Down

1 Helps; benefits (6)
2 Aided (6)
3 Pure love (5)
4 Took the place of (7)
5 Making a deep resonant sound (8)
6 Part of the eye (6)
12 University teacher (8)
14 Relies upon (7)
16 Quantity (6)
18 Soak up (6)
19 Change gradually (6)
20 Large indefinite quantities (5)

PUZZLE 192

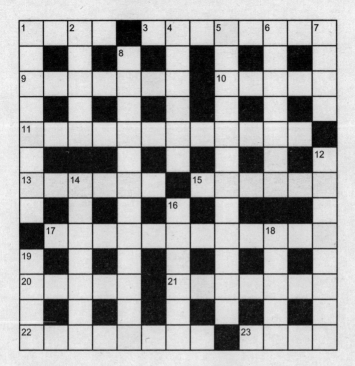

Across

1 Luxurious; stylish (4)
3 Is composed of (8)
9 Passionate (7)
10 The entire scale (5)
11 Middleman (12)
13 Furthest; extreme (6)
15 One's environment (6)
17 Intensely painful (12)
20 Confess to (5)
21 Spiral cavity of the inner ear (7)
22 Starved (8)
23 Inspires fear (4)

Down

1 Of great value (8)
2 Nose of an animal (5)
4 Complied with orders (6)
5 Importance (12)
6 Japanese warriors (7)
7 Takes an exam (4)
8 Type of cloud (12)
12 Thieves (8)
14 Highest amount (7)
16 Frozen water spear (6)
18 Relative by marriage (2-3)
19 One of two equal parts (4)

PUZZLE 193

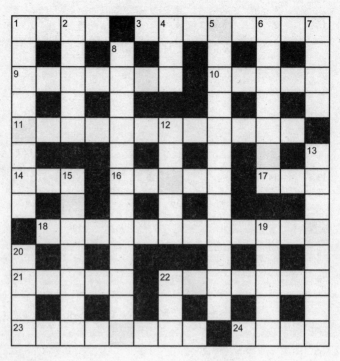

Across

1 Settee (4)
3 Perplex (8)
9 Endure (7)
10 e.g. covered with bricks (5)
11 Monotonously (12)
14 Carry a heavy object (3)
16 Come in (5)
17 Legume (3)
18 Efficient (12)
21 Insurgent or revolutionary (5)
22 Slim (7)
23 How a crab moves (8)
24 Shaft on which a wheel rotates (4)

Down

1 Directly (8)
2 Frustrated and annoyed (3,2)
4 Sense of self-esteem (3)
5 Made poor (12)
6 Bring to maturity (7)
7 Travel by horse (4)
8 Male relation by marriage (7-2-3)
12 Levy (5)
13 Having no worries (8)
15 Searched clumsily (7)
19 Alphabetical list in a book (5)
20 Curved shapes (4)
22 Speak; state (3)

PUZZLE 194

Across

1 Cereal plant (4)
3 Adhering to closely (8)
9 Educational establishment (7)
10 Country in the Himalayas (5)
11 Incurably bad (12)
13 Assert (6)
15 Common bird (6)
17 Making no money (12)
20 Prevent (5)
21 Quantities (7)
22 Answered sharply (8)
23 Resistance unit (pl.) (4)

Down

1 Recurrent (8)
2 Ancient object (5)
4 Long essay or dissertation (6)
5 Placation (12)
6 Sudden inclination to act (7)
7 Very strong wind (4)
8 Cooling device in the kitchen (12)
12 Opposites (8)
14 Not strict (7)
16 Erase a mark from a surface (6)
18 Long wooden seat (5)
19 Place where a wild animal lives (4)

PUZZLE 195

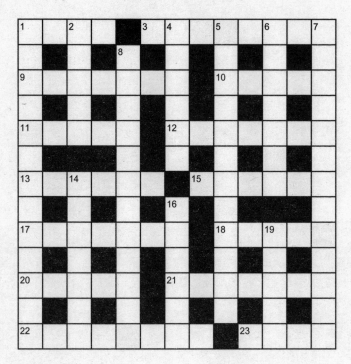

Across

1 Status (4)
3 Uses seam (anag.) (8)
9 Influences that contribute to a result (7)
10 Hawaiian greeting (5)
11 Inactive (5)
12 Young tree (7)
13 Small insect (6)
15 Complainer (6)
17 Attack (7)
18 Allocate money (5)
20 Small antelope (5)
21 Feared greatly (7)
22 Husband of one's daughter (3-2-3)
23 Refuse to admit; turn down (4)

Down

1 Cooling devices (13)
2 Shallow recess (5)
4 Support; help (6)
5 Having an acrid wit (5-7)
6 Idealistic (7)
7 In an inflated manner (13)
8 Donation (12)
14 e.g. from Moscow (7)
16 Sporting venues (6)
19 Mix up (5)

PUZZLE 196

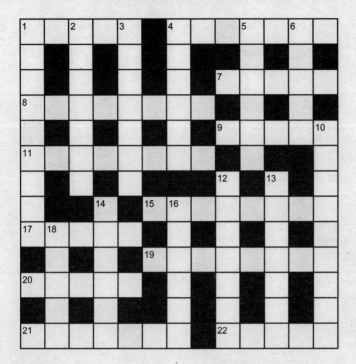

Across

1 Brag (5)
4 Building (7)
7 Movable helmet part (5)
8 Re-emerge (8)
9 Faint bird cry (5)
11 Cervine (8)
15 Shrewdly (8)
17 Late (5)
19 Amazes (8)
20 Brief burst of bright light (5)
21 Breastbone (7)
22 Fault (5)

Down

1 Secondary result (2-7)
2 Wears away (7)
3 Larval frog (7)
4 Set out on a journey (6)
5 Religions (6)
6 Aromatic spice (5)
10 Synthetic fabric (9)
12 Prompting device for a TV presenter (7)
13 Follow a winding course (of a river) (7)
14 Worshipper (6)
16 A complex whole (6)
18 Dole out (5)

PUZZLE 197

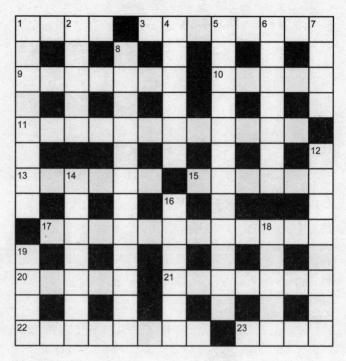

Across

1 Garden implement (4)
3 Furry nocturnal mammals (8)
9 Increase the duration of (7)
10 Walk (5)
11 Incessantly (12)
13 Evoke (6)
15 Dealer in cloth (6)
17 Practice of mentioning famous people one knows (4-8)
20 Announcement (5)
21 Fragment (7)
22 Shows (8)
23 Narrow valley (4)

Down

1 Witty reply (8)
2 Small hill (5)
4 Messengers of God (6)
5 Extremely harmful (12)
6 Coincide partially (7)
7 Team (4)
8 Occurring at the same time (12)
12 Make more light (8)
14 Slanted letters (7)
16 Showy (6)
18 Drive forward (5)
19 Alcoholic drink (4)

PUZZLE 198

Across

1 Opposite of departures (8)
5 Empty space (4)
8 Craftsman who uses stone (5)
9 Make ineffective (7)
10 Type of sovereign (7)
12 Hugs (7)
14 Religious sacrament (7)
16 Ancient warship (7)
18 Round building (7)
19 Customary (5)
20 Longest river (4)
21 Littlest (8)

Down

1 Weapons (4)
2 Hurried (6)
3 Provide with fresh air (9)
4 Sudden forward thrusts (6)
6 Willow twigs (6)
7 Reverie (8)
11 Everlasting (9)
12 Unchangeable; certain (4,4)
13 Purify then condense (6)
14 Pacify (6)
15 Damage (6)
17 Narrow opening; lits (anag.) (4)

PUZZLE 199

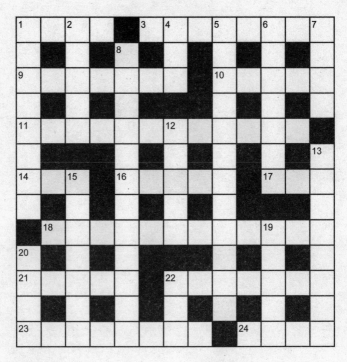

Across

1 Depressions (4)
3 Aggressor (8)
9 Non-specific (7)
10 Mammal that eats bamboo (5)
11 Not on purpose; inadvertently (12)
14 Kind or sort (3)
16 Form of oxygen (5)
17 Expected at a certain time (3)
18 Unsophisticated (6-6)
21 Additional; excess (5)
22 Something showing a general rule (7)
23 Pestered constantly (8)
24 Agitate (4)

Down

1 Opinionated and inflexible (8)
2 Sudden fear (5)
4 Involuntary spasm (3)
5 Pertaining to letters (12)
6 Started a fire (7)
7 Quantity of paper (4)
8 Most prominent position (5,2,5)
12 Loop with a running knot (5)
13 e.g. hats and helmets (8)
15 Made a garment by intertwining threads (7)
19 Repository (5)
20 Action word (4)
22 First woman (3)

PUZZLE 200

Across

1 Spiritually symbolic; esoteric (8)
5 Imitated (4)
8 Book leaves (5)
9 Bores through (7)
10 Bloodsucking creature (7)
12 Bird of prey (7)
14 Divisions of a group (7)
16 Unconventional (7)
18 Direct or control (7)
19 Hurl (5)
20 Froth of soap and water (4)
21 Giant ocean waves (8)

Down

1 Amps (anag.) (4)
2 Gesture (6)
3 Suggest indirectly (9)
4 Opposite of passive (6)
6 Written in verse (6)
7 Sweet food courses (8)
11 In bad condition (4-5)
12 Strong; full of energy (8)
13 Cause to feel upset (6)
14 State of mental strain (6)
15 Triangular bone (6)
17 Female sheep (pl.) (4)

SOLUTIONS

Solutions

1
```
A P S E   A C O U S T I C
D   I   S   H   N   E   O
M U N D A N E   A G A I N
I   E   C   C   T   C   S
N E W E R   K E T C H U P
I   I   S   R   E   I
S N A R L S   P A R S E C
T   S   E   A   C   U
R E S I G N S   T O R S O
A   U   I   K   I   I   U
T E M P O   I N V E S T S
O   E   U   N   E   E   L
R E D E S I G N   P R A Y
```

2
```
T I D I E S   E   H   N
A   A     T A S M A N I A
C A P   I   C   C   C
K   P L I N T H   I N K S
L   L   T   E   E   E
E L E G Y   T W I N K L E
      I G S   D
S H A R P L Y   B A R B S
  O   A   A C   A   A   W
H U F F   C A R V E R   A
  R   F   I   O     I C Y
C L U E L E S S   N   E
  Y   S   R   S T A G E D
```

3
```
I N C H   R U M I N A T E
N   H   D   S   N   L   X
F O O L I S H   T O A S T
I   I   S   E   E   R   R
N O R   I   R   R U M B A
I     N E S T S   E   V
T   S   F     E   D   A
E   I   E T H I C     G
S O N I C   U   T   B O A
I   G   T   F   I   R   N
M A L T A   F L O R I S T
A   E   N   E   N   E   L
L A T I T U D E   I F F Y
```

4
```
D A R E   D I S C O U N T
E   U   U   L   O   N   I
C O L O N E L   U N C L E
E   E   A   N   O   R
I R R E S P E C T I V E
V     S   X   R   E   D
E N D   U N I F Y   R Y E
R   U   M   L   W     W
  P R A I S E W O R T H Y
E   A   N     M   O   E
D E B U G   F R A N K L Y
G   L   L   U   N   Y   E
E V E R Y O N E   H O L D
```

5
```
  D I S C O U R T E S Y
E   M   U   N   E   M   M
F   P   R I S E S   E T A
F L O O R   E   T   A   R
E   U   I   A   Y A R D S
C O N T E S T S     H
T   D   S     B   M   M
I     A U T O M A T A
V O T E S   N   N   R   L
E   E   E   R   A R I E L
L U X   G L E A N   T   O
Y   A   U   S   Z   A   W
  E S S E N T I A L L Y
```

6
```
D O O R S T O P   O H I O
A   R   P   P   E   V
U N D U E   I N G R A T E
B   E   C   N   R   R
  A   T   E L A S T I C
H O L L A N D   N   S   A
O     T     A       M
R   O   O   A P E L I K E
S A F A R I S   R   N
E   F     L   O   F   O
M I S R U L E   B R O O M
E   E     E   I   R   E
N O T E   S P E C I M E N
```

7

```
T U B S   S T U D I O U S   O
R   L   K   E   E   U   O
A D U L A T E   M O T I F
N   R   L   O   C   T
S U B T E R R A N E A N
E   I   O   S   S   C
C A R   D I V O T   T E A
T   O   O   E   R   L
  C O N S E R V A T I S M
A   M   C   T   R   N
C H I N O   T E E N A G E
E   E   P   W   D   T   S
S U R V E Y O R   F E E S
```

8

```
E C H O   C O L O S S U S
N   O   C   F   B   H   T
C A S T O F F   S M O K E
O   T   M   I   C   U   R
U S A   M   S   U N T I E
R   O   O T H E R   E   O T
A   S   N   A   D   T   Y
G   P   W O M E N   I
E L A T E   E   T   N I P
M   T   A   R   I   E   I
E Q U A L   G A S T R I C
N   L   T   E   M   V   A
T E A C H E R S   W E A L
```

9

```
  D I F F E R E N C E S
I   N   A   E   V   D
I N   A   B A S I C   A P E
F I N E R   E   K   D   C
L   E   I   N   S I E G E
A L L O C A T E   D   I T
M   Y   S   D A T   T
M       T O N E D E A F
A D A P T   P   S   R   U
B   N   E   T   S P O O L
L A G   A R I S E   B   L
E   R   S   O   R   I   Y
  C Y B E R N E T I C S
```

10

```
E U R E K A   R   A   C
V   I   S Q U A B B L E
O F F   K   C   S   I
K   L O W E S T   U L N A
E   E   D   I   R   I
S I D E S   C O N D U C T
  V   F   N   L
S E M I N A R   S Y L P H
  N   C   N   P   O   O
T R O T   A R A B I C   P
O   I   T   Y   A S P
N O O N T I D E   L   E
  T   G   C   E R A S E D
```

11

```
F A T E   W I N D L A S S
R   A   I   C   E   U   A
E X P E N S E   M A S K S
E   E   C   O   T   H
D I S C O N T E N T E D
O   M   Y   S   R   F
M R S   P R I N T   E R A
S   T   E   N   R   R
  C A R T O G R A P H E R
E   R   E   T   E   I
P U T O N   D I O C E S E
E   U   C   E   R   D   R
E M P T Y I N G   U S E S
```

12

```
M A C H   I M P R O V E D
A   A   E   H   A   I
L O C U S T S   O A T H S
I   H   T   L   D   I   T
C U E   R   E   O C C U R
I   O   A I D E D   A   U
O   D   N   E   N   S   T
U   E   G R O W N   T
S C E N E   B   D   E L F
N   P   M   T   R   L   U
E N S U E   A X O L O T L
S   E   N   I   N   P   L
S T A R T I N G   V E R Y
```

13

```
B A T S   H I G H L A N D
U E   O   N   Y   R   I
S W E E T E N   P A T H S
Y   N   H A   O   D   H
B E S P E C T A C L E D
O     R   E   H   C   C
D I S O W N   C O R O N A
Y   H   O   B   N     P
  S U R R O U N D I N G S
R   D   L   N   R   A   I
U N D I D   I D I O T I C
N   E   L   O   A   A   U
S P R A Y I N G   G L U M
```

14

```
C A T S   F I X A T I O N
O   I   C   N   R   T   A
N I B B L E D   C H E S T
T   I   O   U   H   R   I
E X A M S   C H I C A G O
N     E   E   T   T   N
T R A U M A   G E N E V A
E   U   O   S   C     L
D I S R U P T   T E M P I
N   T   T   R   U   O   S
E A R T H   A P R I C O T
S   I   E   I   E   H   I
S C A L D I N G   T A L C
```

15

```
R E C A L L   C O B W E B
O   R   O   U   U   A   L
B O U R B O N   T   S   U
E   C   E   N E I T H E R
E M I T S   E   N     B
D   B     C   G U S T S
  L O V E N S     R   A
A B E T S   S   B E F I T
C   S   S   E   A   T
T E Q U I L A   R A D I C L E
O   U   C   L   I   E   N
S T Y L E S   A M U S E D
```

16

```
C H U T E   S T I M U L I
H   P   N   E   E   A
I   H G   P   A M O N G
C H E R O O T S   O   K
A   A   R   E   F R A Y S
N A V I G A T E   Y   K
E   E   E   L   O   Y
R   M   O B S E R V E R
Y E T I S   U   V   A O
  D   K   E C L E C T I C
T I T A N   K   R   I K
  T   D   L   E   E
E S P O U S E   T E N E T
```

17

```
P I G S   F L Y P A P E R
E   L   C   I   R   E   E
R H I Z O M E   O W N E D
F   D   N   V   G   S
O V E R C A U T I O U S
R     E   M   D   I   A
M A D   N O B L E   N O W
S     I   T   E   N
  H O R R O R S T R U C K
E   R   A   I   N   E
B E A S T   I T A L I A N
B   M   E   O   L   T   E
S T A N D I N G   S E N D
```

18

```
S E C U R E   A G E N T S
P   A   E   L   O     H
R E L A P S E   I   E   R
A   A   A   T O D D L E R
Y U M M Y   R   E     K
S     A   A   R O L E S
R     A C H E S   I
A L I A S   E     M   O
P     S   D   P L E A T
P U R S U E R   R   R   H
L   U   R   O R I F I C E
E   L   E   N   O   C   R
S T E E D S   B R A K E S
```

19

```
C O D A   P R E C I N C T
O   E   A   I   O   O   I
C R I N G E D   N O M A D
K   S   R   F   I   Y
C O M B I N A T I O N S
R   C   L   R   E   C
O A K   U N A R M   E E L
W   N   L   R   A   U
  C O N T E M P T U O U S
A   W   U   I   V   T
D R I E R   P R O V O K E
A   N   A   O   N   I   R
M E G A L I T H   O D D S
```

20

```
C O I N C I D E   S P E D
A   N   O   E   E   A
P U T T S   P R O G R A M
S   E   M   O   I   A
    N   O   T E D I O U S
N E T T L E S   I   D   C U
E   E   O   R   U
E   C   G   A C T I O N S
D E L A Y E D   C   B   O
L   E   V   H   T
I N F L A M E   E Q U I P
N   T   N   A   S   U
G U S T   S T A P L E R S
```

21

```
C U T S   C O N F U S E D
O   O   C   R   L   H   E
M A N D A T E   U S A G E
E   I   B   O   K   P
D I C T I O N A R I E S
O   N   A   E   U   L
W E B   E L V E S   P H I
N   R   T   A   C   C
  F O R M A L D E H Y D E
A   M   A   N   E   N
B R I C K   B E C O M E S
U   N   E   U   E   E   E
T H E O R I S T   K N E E
```

22

```
Q U I P   S U R V I V O R
U   N   C   P   O   E   O
A N N U A L S   C A N A L
D   E   L   H   I   D   L
R U R A L   O F F L I N E
I   I   T   E   N   R
L O U N G E   T R A G I C
A   N   R   H   O   O
T O C C A T A   U M B R A
E   L   P   R   S   A   S
R E A C H   D E L I G H T
A   S   E   E   Y   E   E
L E P O R I N E   S L U R
```

23

```
I N N S   O V E R D R A W
N   O   U   I   E   A   O
A L I G N E D   P O S E R
P   S   I   E   O   C   D
P A Y   N O   S C A L P
R   T   T E S T S   L   R
O   A   E   E   S   O
P   C   C R A M P S   C
R E E V E   A   S   B Y E
I   R   S   R   I   L   S
A M B I T   L O O S E N S
T   I   E   I   N   E   O
E N C O D I N G   S P A R
```

24

```
S I F T   S T U M B L E D
E   E   H   O   O   E   U
A M A T E U R   T I E R S
W   S   A   I   W   T
A N T E D I L U V I A N
T   M   A   A   R   B
E R G   I N G O T   D U O
R   L   S   E   I   D
  V I C T O R I O U S L Y
G   M   R   N   I   W
A M P L E   S O A N D S O
S   S   S   U   L   L   R
P R E S S I N G   L E E K
```

25

```
S E Q U E L   A C E T I C
E   U   P   F   Y   A   A
S T A M I N A   A   X   U
A   N   C   S I N G I N G
M O D E S   T   I   H
E   A   F   D I G I T
  R   T R O P E   R
F O Y E R   R   A   W
I   A   W   J U N T A
D I L E M M A   A   D   R
G   O   M   R U N N E R S
E   S   E   D   U   U   A
T A T T L E   E S C R O W
```

26

```
V I C A R   R O U G H L Y
I   A   E   O   R   O
B   R   M   C   S I E V E
R A D I A T O R   T   E
A   I   R   C   E T U D E
T H A N K Y O U   Y   A
I   C   S     I   C   V
O     R   E M I G R A T E
N I C E R   U   N   L   S
  M   V   A S C E N D E D
S P E A R   E   O   E   R
  L   M   U   U   R   O
S Y M P T O M   S W A M P
```

27

```
B U F F   A B L A T I V E
L   A   E   O   P   M   V
O U T F L O W   P U P A E
O   E   E   M   R   A   R
D U D   C   A   E X C E L
C     T E N C H   T   A
U   N   R     E   S   A
R   O   O R G A N     T
D E V I L   A   S   S K I
L   E   Y   T   I   K   N
I D L E S   E N V Y I N G
N   L   I   A   E   L   L
G L A S S F U L   C L O Y
```

28

```
C O X S W A I N   O B O E
O   E   O   S     Y   N
S I R E N   R E Q U E S T
T   X   D   A     B   I
E   E   E N C R Y P T
A U S T R A L   O   E   L
D     F     N     E
D   T   U   A S S I G N S
U N R O L L S   T   E
C   E     S   A   M   T
I M M E R S E   B R I N E
N   O     S   L   N   A
G A R B   A S T E R I S K
```

29

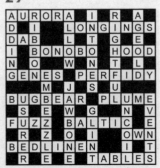

```
A U R O R A   I   R   A
D   I   L O N G I N G S
D A B   L   T   G   E
I   B O N O B O   H O O D
N   O   W   N   T   L
G E N E S   P E R F I D Y
    M   J   S   U
B U G B E A R   P L U M E
S   E   W   G   N   V
F U Z Z   B A L T I C   E
R   Z   O   I   O W N
B E D L I N E N   I   T
  R   E   E   T A B L E S
```

30

```
D O W E L   I M P E A C H
E   E   O   N   D   A
D   S   N   F   A G E N T
I N T A G L I O   I   O
C   E   I   R   C L U N G
A G R O N O M Y   Y   L
T   N   G     M   S   A
E     S   A C C E N T E D
D E C K S   O   R   U   D
  X   I   A M I C A B L E
O P E N S   P   U   B   N
  E   N   E   R   L   E
P L A Y F U L   Y I E L D
```

31

```
C O D E   E S P O U S A L
O   I   D   I   C   H   I
M I S S I N G   C L I N G
P   C   S   H   A   V   H
A R O M A   E A S I E S T
N   G   D   I   R   F
I N B O R N   B O N S A I
O   A   E   S   N   N
N E G L E C T   A L O N G
A   P   M   U   L   P   E
B R I D E   C O L L I E R
L   P   N   C   Y   N   E
E L E C T R O N   R E A D
```

32

```
B R O A D W A Y   A G E S
A   R E   V     A   P
W H A R F   I M P E R I L
L   L   I   A   A   A
    L   C   T R U D G E S
H A Y W I R E   N   E   H
A     E     N     E
N   E   N   S E A S O N S
D I G I T A L   T   U
L   R   I   U   T   O
I C E L A N D   R E S I N
N   S     E   A   E   U
G I S T   I S O L A T E S
```

33

```
S A T E D   R E C T I F Y
I   R E   E   O   O
M   A   N   P   S P A R K
I N V A S I O N   P   C
L   E   I   S   A L D E R
A G L I T T E R   E   E
R   S   Y   C   M   B
L   S   M O N O T O N E
Y U C C A   P   U   N   L
N   H   R E P R I S A L
M I N E S   N   I   O   I
T   M   E   E   O   O
E S C A P E D   R U N I N
```

34

```
A T H E N S   F   A   O
F   A   M I L E P O S T
R A P   O   Y   P   P
E   P A R C E L   E A R N
S   E   K   E   A   E
H I N T S   V A L L E Y S
    H   C   F   E
B R O U G H T   A D O P T
A   R   E   C   N   H
O D E S   M E L L O W   R
I   D   I   E   A T E
M A L A Y S I A   R   A
L   Y   E   R A I D E D
```

35

```
H O C K   L O V E B I R D
A   H   C   D   N   N   U
U N A W A R E   T H E M E
N   R   R   S   E   R   T
C O M M E N S U R A T E
H   L   A   T   I   D
E S T E E M   S A L A M I
S   U   S   C   I   A
C R A S H L A N D I N G
A   T   N   O   I   L   O
M E L E E   T E N S I O N
I   E   S   H   G   A   A
D I S A S T E R   I D O L
```

36

```
B A C K S   N E G A T E S
I   H   T   U   D   M
L   A   A   N   T A B B Y
A N G E L I C A   P   E
T   R   E   I   S T U D S
E M I S S I O N   S   A
R   N   T   F   S   N
A   L   I S O L A T E D
L A D E N   C   I   O   P
N   A   C H I C K P E A
K N A V E   E   K   P   P
O   E   M   E   E   E
E Y E S O R E   R A D A R
```

37

38

39

40

41

42

43

```
S H O O █ U M B R E L L A
P █ F █ G A █ E █ E █ L
O U T W O R K █ S T A M P
N █ E █ O █ I █ U █ F █ H
T U N E D █ N I R V A N A
A █ █ T █ G █ R █ G █ A █
N I P P E D █ H E R E I N
E █ E █ M █ A █ C █ █ D █
O C T O P U S █ T A N G O
U █ I █ E █ S █ I █ E █ M
S P O O R █ I S O L A T E
L █ L █ E █ G █ N █ R █ G
Y I E L D I N G █ A S I A
```

44

```
A E S T H E T E █ O P A L
L █ O █ E █ A █ █ R █ E █
S Y R I A █ R U I N O U S
O █ B █ D █ G █ █ M █ S █
█ █ E █ L █ E S C A P E E
P A T R I O T █ A █ T █ N
O █ █ N █ █ R █ █ E █ █ █
S █ T E █ A L T E R E D █
S Q U I R T S █ W █ E █ █
I █ N █ P █ H █ P █ B
B A N S H E E █ E M A I L
L █ E █ C █ █ S █ S █ O █
E L L S █ A T H L E T I C
```

45

```
Q U O T E █ S E C T I I O N
U █ L █ M █ H █ █ O █ U █
A █ Y █ A █ O █ B R I N K
L U M I N A R Y █ R █ C █
I █ P █ A █ E █ A I M E D
F R U C T O S E █ D █ E █
I █ S █ █ U █ N █ M █
E █ █ A █ D A I N T I L Y
R O O F S █ B █ E █ G █ S
█ I █ F █ F R E Q U E N T
F L A I R █ U █ U █ R █ I
E █ R █ P █ A █ I █ F
A D A M A N T █ L E A K Y
```

46

```
C A S T █ N A R R A T E D
O █ N █ D █ R █ E █ R █ I
M E A N I N G █ A L O O F
M █ C █ S █ U █ S █ U █ F
E L K █ P █ E █ S I N G E
N █ █ L A D L E █ C █ R █
S █ D █ A █ █ S █ E █ N
U █ I █ C A K E S █ █
R I F L E █ U █ M █ A C T
A █ F █ M █ N █ E █ B █ I
B R U T E █ G O N D O L A
L █ S █ N █ F █ T █ D █ T
E V E N T F U L █ H E R E
```

47

```
D E M O █ M A G N A T E S
E █ A █ S █ I █ R █ T █ T
C O G E N C Y █ G R A P E
O █ I █ N █ L █ H █ U █ A
M A C H O █ U N T A M E D
P █ U █ M █ C █ A █ F
O C E A N S █ P L A S M A
S █ X █ C █ A █ O █ █ S
I M P R E S S █ T R A I T
T █ L █ M █ H █ H █ S █ N
I N A N E █ O V E R S E E
O █ I █ N █ R █ S █ A █ S
N I N E T I E S █ E Y E S
```

48

```
T A I N T S █ S T O R M S
R █ N █ A █ B █ R █ I █ E
O F F I C E R █ E █ N █ N
L █ E █ O █ O R A N G E S
L U R K S █ A █ S █ █ E █
S █ I █ D █ O V A L S █
█ O █ R O M A N █ P █
B A R G E █ I █ █ P █ K
O █ █ S █ N █ S L O P E █
D I S C O R D █ C █ S █ R
I █ O █ L █ E M O T I O N
N █ U █ V █ D █ O █ T █ E
G I R D E R █ A P P E A L
```

49

IRAN MUSCULAR
STIRRUP NEXUS
CONSTITUENCY
REALMS ATONAL
ABSTEMIOUSLY
CYNIC SCAPULA
SEAMLESS PERK

50

EXPIRE BLACKENS
TOE FENNEL PEAR
TAXES ECLIPSE
NUMERAL AGILE
KIWI TURNIP
ART POIGNANT
SHARED

51

DETERMINISM
FLUNG LOG
TRIBE ROYAL
LIGHTEST
OBSESSES
ABYSS SPREE
LID RITES
ILLTEMPERED

52

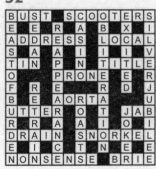

BUST SCOOTERS
ADDRESS LOCAL
TIN TITLE
PRONE
AORTA
UTTER JAB
DRAIN SNORKEL
NONSENSE BRIE

53

EFFUSE ABSEIL
PERSONA REACTOR
LATCH ASHES
SACKS
JOLLY ASTIR
JAMAICA TENDRIL
EXTRAS OSCARS

54

URNS KITCHENS
CUTBACK NOISE
MASSPRODUCED
OUR GUESS TIP
AMALGAMATION
HAVOC GROUCHY
BALLYHOO EYED

```
D U N K _ A L K A L I N E
O _ A _ M _ A _ E _ N _ N
C O M B U S T _ R A I S E
U _ E _ L _ E _ O _ T _ R
M I D S T _ N U D G I N G
E _ _ I _ T _ Y _ A _ E _
N O O D L E _ A N K L E T
T _ V _ A _ A _ A _ _ I _
A V E R T E D _ M I M I C
T _ R _ E _ O _ I _ E _ A
I D L E R _ R E C I T A L
O _ I _ A _ E _ S _ E _ L
N E E D L E S S _ P R E Y
```

```
_ I N T R A C T A B L E _
D _ U _ E _ L _ S _ O _ B
E _ P _ A R E A S _ W A R
M U T E D _ V _ E _ L _ I
O _ I _ M _ E _ T R Y S T
G L A Z I E R S _ S _ N L
R _ L _ T _ _ _ S _ N _ L
A _ _ B A T H R O B E _ _
P E A C H _ L _ I _ M _ N
H _ D _ E _ K _ A M I D E
I R E _ L E A S T _ N _ S
C _ P _ L _ L _ S _ A _ S
_ A T R O C I I O U S L Y
```

```
L A U D _ T W O F A C E D
E _ L _ M _ R _ R _ H _ O
A C T U A R Y _ A U R A L
T _ R _ T _ _ U _ O _ _ T
H E A R T R E N D I N G _
E _ _ E _ A _ U _ I _ _ R
R I A _ R E G A L _ C O O
Y _ I _ O _ E _ E _ _ _ U
_ P R E F E R E N T I A L
S _ D _ F _ _ T _ C _ E _
K A R M A _ S O L O I S T
U _ O _ C _ I _ Y _ N _ T
A P P E T I T E _ O G L E
```

```
B R O W B E A T _ F I R M
O _ I _ E _ R _ O _ G _ I
R E N E W _ M _ V E N U S
E _ K _ I _ I _ E _ I _ N
_ _ A L L E G R E T T O _
F _ G _ D _ S _ I _ I _ M
A M U L E T _ S N O O Z E
R _ L _ R _ S _ D _ N _ R
C A L A M I T O U S _ _ _
I _ I _ E _ A _ L _ E _ U
C A B I N _ R _ G A L L S
A _ L _ T _ V _ E _ A _ E
L I E N _ D E A D E N E D
```

```
A A R D V A R K _ C A L M
I _ A _ I _ E _ B _ A _ _
L A S E R _ W A R R I O R
S _ C _ T _ O _ D _ C _ _
_ _ A _ U _ R E F R E S H
B U L W A R K _ O _ S _ I
E _ _ L _ _ R _ _ _ _ _ N
D _ C _ L _ O N G O I N G
A L L O Y E D _ O _ N _ _
Z _ I _ _ D _ T _ S _ E _
Z A M B E Z I _ T H U M P
L _ B _ _ T _ E _ L _ I _
E L S E _ H Y P N O T I C
```

```
D R O O P _ R I S I B L E
R _ V _ H _ E _ M _ U _ _
E E Y _ C _ S P E N T _ _
A R R E S T E D _ A _ G _
M _ D _ I _ D _ A C R E S
L A U N C H E R _ T _ E _
A _ E _ S _ T _ B _ P _ _
N _ L _ C A L I G U L A _
D O P E Y _ D _ T _ I _ R
_ F _ V _ T O R T I L L A
A F F I X _ R _ E _ T _ T
_ A _ E _ N _ R _ I _ E _
P L E D G E S _ S I N U S
```

61

```
P L A N   M I S C H I E F
A   E   P   C   O   M   O
R E S U R G E   U P P E R
A   O   O   B   R   L   E
P O P U P   O U T L O O K
H     O   X   M   R   N
E X H O R T   G A Z E B O
R   E   T   A   R     W
N I P P I N G   T R O L L
A   A   O   R   I   P   E
L A T I N   E N A C T E D
I   I   A   E   L   I   G
A C C O L A D E   A C H E
```

62

```
  A P P R O B A T I O N
D   E   I   E   H   M   U
E R   C H A I R   I N N
V O U C H   C   E   T   D
A   S   E   O   W A S T E
S W A N S O N G       R
T   L   T     D   O   W
A     C U C U M B E R
T A M E S   N   N   V   I
I   O   W   R   G U I L T
N I T   A B O V E   O   E
G   O   R   L   O   U   R
  C R U M B L I N E S S
```

63

```
P O D S   F O R S O O T H
R   U   P   B   U   D   A
E M B A R G O   P E D A L
C   A   E   I   E   M   F
I D I O M   S C R E E C H
P     E   T   N   N   E
I M P E D E   M A N T R A
T   R   I   A   T     R
A D O P T E D   U N L I T
T   B   A   A   R   I   E
I S L E T   G R A B B E D
O   E   E   I   L   E   L
N A M E D R O P   C L A Y
```

64

```
E I G H T H   S L I G H T
M   L   U   S   E   A   A
B R A M B L E   A   S   W
E   U   E   L U R C H E D
R U C K S   F   N   R   R
S   O   C   E A R L Y
    M   S T O O D   A
S H A R P   N   I   C
I   O   T   H U N C H
S I L L I E R   I   C   O
T   O   L   O U T D O E S
E   O   E   L   C   A   E
R E M E D Y   W H I T E N
```

65

```
  A R I S T O C R A C Y
I   E   E   R   I   A   A
N   B   S W I L L   M U M
H O U R S   G   E   E   E
A   I   I   I   D R O L L
B A L L O O N S       I
I   D   N     B   S   O
T     S P L I N T E R
A B B E Y   A   P   O   A
N   A   E   R   E G R E T
C U D   A D D E D   I   E
Y   G   R   O   A   E   S
  M E A N I N G L E S S
```

66

```
F A S T   I C E C R E A M
O   U   N   O   O   D   I
L A C Q U E R   N O U N S
L   K   R   P   G   C   C
O A S I S   U N L E A S H
W     E   S   O   T   I
T A P E R S   A M P E R E
H   A   Y   S   E     V
R O S T R U M   R A D I O
O   S   H   U   A   R   U
U N I T Y   D I T H E R S
G   O   M   G   E   A   L
H I N D E R E D   I D L Y
```

67

```
A L F R E S C O   T U N A
D   R   X   L     N   N
D R A F T   I S S U I N G
S   N   E   N     O   S
    C   N   C A B I N E T
B R E A D T H   R   S   R
A   R   I       E       O
R   S   N   A M A L G A M
I M P U G N S   K   R
T   Y       S   E   O   C
O R I N O C O   V I T A L
N   N       R   E   T   E
E R G O   S T A N D O F F
```

68

```
  E M B R O I D E R E R
C   E   N   R   V     H
E   E   D E T E R   E K E
L A T E R   A   E   R   A
E   I   A   C   D O T E D
B E N E F I T S         T
R   G   T     D   O   E
    S W E E T P E A
T E N O R   I   S   E   C
I   E   E   N   C I N C H E
O D E   V O D K A   A   E
N   D   U   E   N   I   R
  T Y P E W R I T E R S
```

69

```
W I N S   B R I C K B A T
I   A   I     R   A     O
L A C O N I C   O N S E T
D   R   A   H   S   K   S
F I E L D G L A S S E S
I       M   Y   C   T   U
R E P A I R   P O I S O N
E   R   S   B   U       B
  Q U E S T I I O N A B L E
I   N   I   S   T   R   A
C L I M B   E A R N E S T
O   N   L   C   Y   A   E
N E G L E C T S   A M E N
```

70

```
T W E E T   B I C Y C L E
E   A   U   U   I   A
E   S   T   R   Y E A R S
N I T R O G E N   L   G
A   E   R   A   A D D E R
G O R G E O U S   S   E
E   N   D   C   C   F
R   R   S M O O T H I E
S C O W L   A   N   I   R
  I   A   A R M C H A I R
E V E N T   K   U   N   I
  I   D   E   R   T   N
E C U A D O R   S T I N G
```

71

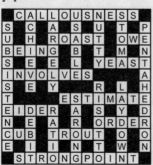

```
  C A L L O U S N E S S
S   C   A   S   U   T   P
U   H   R O A S T   O W E
B E I N G   B   T   M   N
S   E   L   Y E A S T
I N V O L V E S       A
S   E   Y       R   L   H
T       E S T I M A T E
E I D E R   A   S   Y   D
N   E   A   R   O R D E R
C U B   T R O U T   O   O
E   I   I   N   T   W   N
  S T R O N G P O I N T
```

72

```
B R U T A L L Y   B E T A
E   N   S   E     D   N
L A K E S   G R A V I T Y
T   I   E   U     T   W
    N   M   M A M M O T H
A U D I B L E   A   R   E
N   L       S   R
D   J E   A R T I S T E
R O U N D E D   I   T
O   M   D   C   R   E
I M P A S S E   A V A I L
D   E   R   T   Y   M
S A R I   A S S E S S E S
```

73

```
T O S S . G A R M E N T S
R . C . U . I . . U . . W
A D O R N E D . S A M B A
N . U . D . . D . B . . B
S C R E E N W R I T E R .
A . . R . I . R . R . . T
C H I . A I S L E . S T Y
T . G . C . E . C . . . P
. U N C H A R I T A B L E
S . O . I . . I . U . . C
T E R S E . G E O R G I A
A . E . V . A . N . L . S
R E D H E A D S . W E P T
```

74

```
E D I B L E . A P O G E E
L . N . O . C . R . R . R
D E F A C T O . I . A . R
E . I . K . N A M I B I A
S I N G S . T . A . . . N
T . I . . . I . R A C E D
. T . D A N D Y . R . . .
W H E R E . U . . A . . E
I . . . C . A . D O Y E N
P A R T I A L . O . F . D
I . E . B . L A T T I C E
N . A . E . Y . E . S . A
G A R B L E . E S T H E R
```

75

```
. I N H A B I T A N T S .
B . I . M . U . A . . . M
A . B . C O P E D . B A A
D E B A R . O . I . L . K
T . L . U . R . T H E R E
E L E M E N T S . . . . B
M . S . D . . . E . L . E
P . . . . R A I N F A L L
E I G H T . D . A . M . I
R . E . U . O . B I B L E
E F T . B E R Y L . A . V
D . U . E . E . E . D . E
. A P H R O D I S I A C .
```

76

```
S T E R E O . C . E . . A
O . J . . . S C R A M B L E
F O E . C . E . P . C . .
T . C I C A D A . H O O T
E . T . R . T . A . V . .
R A S P Y . S O R T I E S
. . . E . B . R . . I . .
J O U R N A L . S C U D S
V . J . H . S . P . U . .
M E N U . R E L I S H . N
R . R . A . I . . . O D D
A D H E S I O N . . L . R
O . D . N . . G L A D L Y
```

77

```
H U M I D . L O U D E S T
U . O . E . A . . E . . A
M . U . V . N A I L S . S
I N S T A N C E . D . V .
L . S . L . E . L E M O N
I N E Q U I T Y . N . . A
A . S . E . . S . G . S .
T . . S . B A C K L A S H
E N D O W . R . A . V . V
. O . I . V I R T U O S I
T S A R S . S . I . T . L
. E . E . E . N . T . L .
A S S E R T S . G E E S E
```

78

```
. I N E Q U I T A B L E .
E . E . U . N . V . O . U
M . T . E A G L E . W I N
A C T O R . E . R . E . D
N . I . I . S . S C R E E
C O N N E C T S . . . . R
I . G . S . . . D . S . S
P . . . S O M E W H A T .
A V O I D . C . F . A . A
T . B . I . C . L I M I T
E Y E . R O U G E . P . E
D . Y . G . L . C . O . D
. O S T E N T A T I O N .
```

79

```
C L A N   H A N D C U F F
O   R   D   N   E   N   E
N E S T E G G   C A M E L
T   O   S   O   O   A   I
R A N   C   R   M U S I C
I     R E A R M   K   I
B   E   I       S   I T A
U   Q   P U F F S   I A
T R U S T   I   S   P A T
I   A   I   I   A     O
O U T D O   S C O R P I O N
N   E   N   C   N   E   N
S I D E S H O W   O R B S
```

80

```
B U S H E L   S E   C
O   T   U N T I M E L Y
T A U   N   E   P   O
H E   F I S C A L   L A V A
E   F   H   L   O   E
R U S T S   L A W Y E R S
    R   M   R   E
S E N E G A L   A R M E D
Q   A   N   F   A   A
H U N T   M O U T H S   R
  A   I   N     T O T
A T T E N D E D   E   E
  E   S   E   S O U R E D
```

81

```
C U P S   A C C E P T E D
O   I   A   M   Y   I
M E L A N I N   B I R D S
P   O   A   A   T   S
R O T O R   P I R A N H A
E   O   Y   R   T   S
H O A R D S   B A S S E T
E   C   U   A   S   E
N O T I C E S   S T A F F
S   U   T   I   W   U
I D A H O   H A N D F U L
V   T   R   M   G   U L
E V E R Y D A Y   P L A Y
```

82

```
E E L S   I N D U S T R Y
F   I   P   E   N   R E
F I N A L E S   D E A L T
I   E   A   E   V   I
C O N F I D E N T I A L
A   N   D   E   I   B
C H U R C H   O C U L A R
Y   N   L   F   T   A
  E C H O L O C A T I O N
S   L   T   R   B   N D
T E E T H   G A L L E O N
E   A   E   O   E   P E
P A R A S I T E   S T E W
```

83

```
C I T Y   S U B S O N I C
R   I   C   P   U   E O
A L L E L E S   P R E E N
F   D   E   E   E D   S
T H E T A   T E R M I N I
S   R   S   M   N   D
M O D E S T   H A G G L E
A   E   I   B   R   R
N O S E G A Y   K O A L A
S   P   H   L   E D   T
H E A R T   I N T R U D E
I   I   E   N   S L   L
P A R O D I E S   S T A Y
```

84

```
B L U S H I N G   L O O P
A   T   I   I   L   R
T W A N G   M   N A I V E
H   H   H B   T   V   S
      A S T U T E N E S S
M   B   P S   N   O   M
I T A L I C   A S P I R E
R   L   R I   I   L   N
T E L L I N G O F F
H   C   T   N Y   D   H
F R O Z E   I   I T A L Y
U   C   D   I   N S   M
L I K E   L E N G T H E N
```

85

```
C A L L   E S P R E S S O
O   A   C U E   M       V
R I P C O R D   L E A V E
E   S   N   D A R       R
E X E R T   E S T A T E S
S     R     N   I   E   T
P O R T A L   C O R N E A
O   E   D   D   N   T    
N A T T I L Y   S P I R E
D   S   C   N   H   M   M
E V I C T   A G I T A T E
N   N   E   M   P   G   N
T E A R D R O P   B O A T
```

86

```
I N S E C T   R H Y T H M
D C   I   B A   I     I
E C H I D N A   P D   S
A   E   E   T I L L E R S
L E M U R   T   E     E
S   I N   S   L   S P E C S
    N   S E E R S   A
A L G A E   F     R   C
R   N   D   I   V A L V E
C A P T U R E   O   I   A
A   O   C   L A W L E S S
N   E   E   E D   E S   E
E N M E S H   S L A T E D
```

87

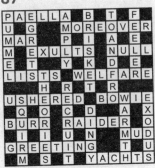

```
P A E L L A   B   T   F
U   G     M O R E O V E R
M A R   P   I   A   E
E   T   E X U L T S   N U L L
L I S T S   W E L F A R E
    H     R   T   R
U S H E R E D   B O W I E
  Q   O   C   D       A X
B U R R   R A I D E R   O
  I   I   U   N     M U D
G R E E T I N G       T U
  M   S   T   Y A C H T S
```

88

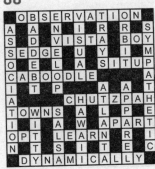

```
  O B S E R V A T I O N
A   A   N   I   R   R   S
S   D   V I S T A   B O Y
S E D G E   U   Y   I   M
O   E   L A   S I T U P
C A B O O D L E       A
I   T   P     A A T   T
A       C H U T Z P A H
T O W N S   A   L P E
I   I   A   W   A P A R T
O P T   L E A R N   R   I
N   T   S   I   T E   C
  D Y N A M I C A L L Y
```

89

```
I N F O   V E R B A T I M
N   L   H   X   A   E   E
C H I N E S E   C L E A T
O   N   A   M   T   M   A
R I G I D   P R E M I U M
R   Q   T   R   R   N   O
U N T R U E   L I N G E R
P   U   A   A   O     P
T A N T R U M   L U R C H
I   I   T   A   O   E   O
B A S T E   Z I G Z A G S
L   I   R   O   Y   D   I
E L A P S I N G   A S K S
```

90

```
B L E W   S C I S S O R S
A   L   C   R   H   N   E
S H A D O W Y   O B E S E
T   N   N   O   R   M
I N D I S C R E T I O N
L   I   A   I   U   G
L O B   D O Z E N   S E A
E   L   E   O   G     R
  H A I R D R E S S I N G
S   B   A   T   N   O
K E B A B   S T A R C H Y
I   E   L   O   R   U   L
T A R R Y I N G   U R G E
```

91

92

93

94

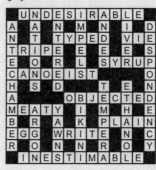

95

96

97

<pre>
R E V E R E N T   D E A F
O   E   E   E   U   I
T H R U M   T Y P I C A L
S   N   B   T   L   I
    A   R   L O P P I N G
F O L I A G E   T   D   R
O   N   N   E   E
N   E D   U P R A I S E
D I L A T E S   O   M
N   A   U   S   P   W
E M P O W E R   A C U T E
S   S   P   U   G   R
S E E R   E S T R A N G E
</pre>

98

<pre>
  U N E Q U I V O C A L
A   E   U   N   L   N   S
B   A   A C T E D   G N U
R A R E R   E   E   S   B
A   E   T   R   R A T E S
C I S T E R N S   S   G I
A   T   T   S   G   U
D   B A C C A R A T
A N G E R   S   R   I   U
B   I   O   S   U N F I T
R E V   D E I G N   F   E
A   E   E   S   C   I   D
  A S T O N I S H I N G
</pre>

99

<pre>
C O P E S   A S K A N C E
O   O   I   G   P   A   E
N   P   T   R   F L O U T
F O U R T E E N   O   S
I   L   I   E   E M B E R
D E A F N E S S   B   A
I   R   G   S   T   I
N   U   C A M P A I G N
G O W N S   D   A   M   P
  N   W   I M P R O P E R
P I X I E   I   R   A   O
O   O   S   T   O   N   O
I N D E X E S   W H I F F
</pre>

100

<pre>
P U F F   B E L I E V E D
A   I   E   L   N   E   R
R E S T F U L   D E L T A
A   T   F   O   V   G
D I S C O N N E C T E D
I   R   E   T   T   U
G E L   T H E I R   Y E N
M   A   L   D   I   S
  U N S E A S O N A B L E
K   T   S   A   O   T
I T E M S   E X T R A C T
E   R   L   A   E   R   L
V I N E Y A R D   I D L E
</pre>

101

<pre>
M A M M A L   E   S   U
U   A   I N V I T I N G
T A R   E   A   I   D
A   S W I N G S   M A U L
A   H   S   I   U   L
L A Y E R   E V I L E Y E
    N   N   E   U
O U T G R E W   U S U R Y
N   I   S   A   N   E
G R I N   T U R N U P   L
  U   E   L   R   A W L
A L T E R E G O   I   E
  Y   R   S   W E E D E D
</pre>

102

<pre>
R E C E S S   F L A B B Y
E   O   C   D   I   O   O
V I L L A G E   Z   T   N
I   O   L   T R A S H E D
V A P I D   E   R   E
E   H   R   D O N O R
  O   J A M B S   I
C O N G A   I   C   G
O   N   N   P E E V E
F O R M U L A   A   N   N
F   O   A   T A N G E N T
E   L   R   E   E   S   L
R E L A Y S   G L A S S Y
</pre>

103

```
D E C A Y . A L S O R A N
E . O . E . F . . . R . R
O . M . A . F . P I V O T
D E P A R T E D . O . S .
O . E . N . C . C L U E S
R E T R E A T S . E . P .
A . E . D . . T . A . E .
N . D . P A T H E T I C .
T U N E S . V . E . H . U
. N . A . D O O R B E L L
A D O R E . I . M . I . A
. E . T . D . A . S . T .
U R C H I N S . L A T H E
```

104

```
S H E R R I E S . L O N G
O . L . E . N . . . O . U
C R E E P . J A C U Z Z I
K . V . U . O . . . I . L
. E T . I N C E N S E . .
C O N T A I N . H . G . F
H . B . . . U . . . U . U
A . A . L . M A R T I A L
R I V I E R A . C . N . .
C . I . . N . H . D . H .
O C A R I N A . M O O S E
A . R . . M . A . O . E .
L A Y S . G A R N E R E D
```

105

```
B O B S . O U T B U R S T
A . I . C . P . U . E . H
C O N T O U R . R O G U E
T . G . N . O . G . A . N
E L E C T R O P L A T E .
R . . I . T . A . T . U .
I S L A N D . O R D A I N
A . O . U . A . A . . S .
. I N C O N S O L A B L E
I . G . U . S . A . E . A
R O B E S . U N R A V E L
O . O . L . R . M . E . E
N E W L Y W E D . C L O D
```

106

```
R A N T S . P R O M I S E
A . A . E . O . . I . O .
S . I . T . U . A M E N D
P I V O T I N G . I . A .
B . E . E . C . S C O R E
E N L A R G E D . S . . M
R . Y . S . A . K . . P .
R . . S . P E R S O N A L
Y O U T H . N . T . I . O
. V . O . S T R O N G L Y
C E L L S . A . U . H . E
. R . . E . I . N . T . E
S T E N C I L . D U S T S
```

107

```
D E P A R T . E . C . I
E . H . A P P L Y I N G
B O O . L . I . C . C
U . B U I L D S . L A I D
T . I . Y . T . A . T
S M A S H . C L I M B E R
. . N . D . E . E
R A V A G E S . E N T R Y
. D . P . C . D . A . O
M A S S . A V O W A L . U
. G . H . G . G . . K I T
J E R O B O A M . . E . H
. S . T . N . A W A R D S
```

108

```
G A F F . H Y A C I N T H
R . O . I . E . U . A . A
E R R A N D S . R O S E S
A . U . V . . . M . C . P
T E M P E R A T U R E S .
E . . R . L . D . N . H
S I P . T H I N G . T O Y
T . L . E . V . E . . D
. R A B B L E R O U S E R
E . T . R . . N . L . O
V I O L A . H E L P I N G
E . O . T . E . Y . C . E
S U N B E A M S . A K I N
```

109

```
. A C C L A M A T I O N .
D U . I . O . G . S
E T . B E L O W . L A W
S O L V E . T . E . I
I . E . R . R E S E T
G Y R A T I N G . . Z
N . Y . Y . D . A . E
A . . T A K E O V E R
T U R F S . C . S . L
I . E . T . C O C O A
O H M . R E U S E . A N
N . I . I . A . N . D D
. S T I P U L A T I O N
```

110

```
N U D G E S . T . U . C
E . O . . C O R O N A R Y
S A W . . R . A . F . E
T . S P L E E N . A G A R
L . E . W . C . S . M
E A R L S . S H U T E Y E
. . O . B . E . E
P I N C E R S . G N A R L
. R . U . O . G . I . O
F O R T . W O O F E R . G
. N . I . N . I . M U G
D E M O T I O N . . A . E
. D . N . E . G A R N E R
```

111

```
B E C A M E . T H R E S H
E . O . A . T . E . R . O
A D M I R E R . A . R . U
U . M . K . A T L A S E S
T R A P S . N . T . . E
Y . N . S . H U R T S
. . D . A L L E Y . U
P R O O F . U . . N . W
I . F . C . P I N C H
E N L A R G E . R . E . A
C . I . O . N E U T R A L
E . M . N . T . N . U . E
S N O O T Y . T E M P T S
```

112

```
. P R E V A R I C A T E .
R . O . U . A . U . H . G
E . A . L I N E R . A S H
S T R A P . D . V . N . O
U . I . I . O . Y O K E S
S Y N O N Y M S . . . T
C . G . E . . H . P . L
I . . . L I T E R A T I
T A T T Y . D . A . I . N
A . O . A . L . D A N C E
T A X . C R I E S . T . S
E . E . H . N . E . E
. I N S T I G A T O R S .
```

113

```
S N O O P Y . S C O U T S
I . N . E . C A P . P
M I L I T I A . P O R
I . O . A . R E T I N U E
A T O L L . D . I . . A
N . K . . I . O O Z E D
. . E . C L O W N . E
P A R C H . G . . A . I
L . . A . R . C O L O N
A L G E R I A . R . O . D
N . A . I . P R A T T L E
E . L . O . H . F . R . E
D E L E T E . S T A Y E D
```

114

```
S O N S . S W A L L O W S
L . A . I . H . I . B . H
E S S E N C E . F O L I O
I . T . T . R . E . I . R
G U Y . E . R . S I G H T
H . . . R H Y M E . E . T
T . P . F . . N . D . E
O . E . E L E C T . . M
F L O U R . D . E . P A P
H . N . E . D . N . A . E
A P I A N . I N C I S O R
N . E . C . E . E . T . E
D I S P E N S E . B E N D
```

115

```
. S I G N I F I C A N T
R . S . O . R . L . E . R
E . S . . S T A T E . W O O
M O U N T . C . R . L . C
E . E . R . A . K A Y A K
M E R R I E S T . . . . .
B . S . L . . . S . M . H
E . . . R E G U L A T E .
R O B I N . M . R . S . B
I . E . E . I . G E C K O
N A G . V E N U E . A . A
G . I . E . E . O . R . T
. I N C R E M E N T A L
```

116

```
I D E A . A L L O T T E D
N . L . B . I . L . W . I
T A B L E T S . D R I E S
E . O . L . T . D . C .
N E W . O . E . E L D E R
. . . W I N E S . L . E .
I . H . T . . T . E . T .
O . E . H Y D R A . . I .
N U R S E . A . M . A G O
A . E . B . M . E . C . N
L A T T E . P A N A C E A
L . I . L . E . T . R . R
Y A C H T I N G . B A B Y
```

117

```
T R A M P S . S L A L O M
O . D . I . E . O . O . E
P H O E N I X . O . K . R
I . P . E . T E S T I N G
C I T E D . E . E . . E .
S . I . . R . L U C I D .
. . O . B U M P Y . O . .
B I N G O . I . . V . J
E . . . I . N . G R E B E
R E G A L I A . R . T . T
A . O . I . T R I P O D S
T . N . N . E . M . U . A
E N G A G E . G Y P S U M
```

118

```
H A R D . A L P H A B E T
O . E . D . E . Y . E . E
T A F F E T A . P O S E S
S . E . S . . O . P . T .
P E R S P I R A T I O N .
O . . . A . E . H . K . S
T O P . I M A G E . E M U
S . I . R . R . T . . G .
. P L A I N S A I L I N G
A . L . N . . C . D . E .
C L A N G . W E A S E L S
M . R . L . A . L . A . T
E S S A Y I S T . E L K S
```

119

```
A P E S . D E C R E P I T
C . A . D . N . E . R . R
C O R S E T S . Q U O T A
E . N . L . I . U . R . N
S U S H I . G U I T A R S
S . C . N . R . T . P .
I N D I A N . N E V A D A
B . I . T . H . M . . R
I M P I E T Y . E L I T E
L . L . S . P . N . D . N
I D O L S . H O T T E S T
T . M . E . E . S . A . L
Y E A R N I N G . E S P Y
```

120

```
C A P E . B A L L G A M E
O . E . C . P . A . M . R
H A R D H A T . B A N J O
E . I . R . O . E . S .
S E L F I N T E R E S T .
I . . . S . H . A . T . S
V I M . T A R O T . Y O U
E . A . M . O . O . . B
. S T R A W B E R R I E S
A . U . S . . I . N . I
C U R V E . N E E D L E D
I . E . V . U . S . E . E
D I S S E C T S . S T U D
```

121

```
  O B S T R U C T I O N
A E   Y     N U R   I
U L   C A R O L   C A N
D U O M O   I   I A   T
A   V O   P   P A S S E
C L E A N S E R       R
I   D S       C I   R R
O       H I T H E R T O
U R B A N   C I O   G
S   A A   O   M A N T A
L I T   D E N S E   I T
Y   C   I   I R N   E
  S H O R T C H A N G E
```

122

```
R E S T O R E D   E U R O
I   L   L   N     N   V
S T U F F   S C U F F L E
K   M   A   U     R   R
    P   C   E X P I R E S
V I S I T E D   E   L   E
I       I       R   A
O   U   O   A F F E C T S
L E G E N D S   O   U
A   A   A   I   R S G
T A N K A R D   A F T E R
E   D   E   T     O   I
S C A N   E S T E E M E D
```

123

```
C A S K   A F F L I C T S
O   P   D I   E   R   U
M A L T I N G   G R A S P
P   I   S   H I   W   E
A T T I C   T I T U L A R
N   O   S   I   E   F
I N L A N D   A M O R A L
O   A   S   E   A   U
N A R R O W S   T A B O O
S   C   L   P   E   R U
H Y E N A   R A L L I E S
I   N   T   I   Y N   L
P A Y M E N T S   U G L Y
```

124

```
  C O N G R E S S M A N
F   B   R N L   W   R
R E   A R R A Y   A G E
O U S T S   A L   S   C
N   I   P G   Y A H O O
T O T T E R E D       M
R   Y   D     R H   M
U       O N E O N O N E
N I C K S   U O   W N
N   H A M   F R E E D
E W E   R E B U T   V E
R   E   I   E O E   D
  S K Y S C R A P E R S
```

125

```
S O S O   O B S C U R E D
E   C   D   O E   U
R E U N I F Y   N I G H T
V   F   S   S A   Y
I N F E C T I O U S L Y
N   O   N   L L   A
G A P   U P S E T   Y A P
S   O   R E A   P
  B R E A S T S T R O K E
C   T   G   I M   A
H A I T I   F L O W E R S
E   C   N E N   G   E
F L O G G I N G   H A I R
```

126

```
G I A N T   T U S S O C K
L   P   H I   I   A
A P U S   S C O R N
M E E K N E S S   K   D
O   A   D U   B L A S T
R E L I E V E D   E   O
O   S   R     B   F L
U     A   U N D U L A T E
S T Y L E   O   D I   R
O   U   M O N G O L I A
M A G M A   S E   U   T
  D   N E   T R   E
E S C A P E S   S P E N D
```

127

```
S A F E . E G Y P T I A N
E . U . S . L . O . L . O
L E N G T H Y . S A L O N
F . G . R . P . T . N . A
C H I N A . H I G H E S T
O . . T . S . R . S . T .
N A R R O W . H A S S L E
S . E . S . S . D . . N .
C A L Y P S O . U R G E D
I . O . H . L . A . A . A
O V A T E . V I T A M I N
U . D . R . E . E . M . C
S U S P E N D S . R A R E
```

128

```
U N D O . C H E R U B I C
N . I . F . A . E . A . O
R E V E R T S . P Y L O N
E . E . O . T . E . O . F
C U R . N . E . R I N S E
O . . T U N I C . E . C T
V E . K . I . U . Y . T I
E . I . S O C K S . . . I
R E C A P . U . S . R H O
A . K . I . D . I . O . N
B R O K E . G L O B U L E
L . F . C . E . N . S . R
E N F E E B L E . D E W Y
```

129

```
E M P I R E . D I T H E R
L . A . E . T . N . E . A
D O S S I E R . S . R . I
E . T . G . U N I C O R N
R E R U N . S . S . . . E
S . A . T . . T O N E D .
. . M . L A W N S . A . .
E L I D E . O . . U . S .
N . . . A R . F E T C H .
C O R O N E T . U . I . A
O . I . I . H U D D L E D
R . P . N . Y . G . U . E
E M E R G E . B E A S T S
```

130

```
F L U N K . F O U N D R Y
I . N . E . U . O . E . .
N . L . E . N . A B A T E
G R O U P I N G . O . R .
E . C . I . E . A D D O N
R E K I N D L E . Y . A .
T . S . G . S . M . R .
I . V . D I N O S A U R .
P U P I L . N . L . R . A
. S . R . P U G I L I S T
S I T A R . R . C . M . I
. N . G . E . I . B . O .
I G N O R E S . T R A I N
```

131

```
. N E G O T I A T I O N .
I . A . B . M . R . C . I
N . R . L L A M A . T E N
V I D E O . G . M . E . G
E . R . N . E . P E T E R
S L U G G I S H . . . E .
T . M . S . . A . E . D .
I . . . H E L S I N K I .
G N A T S . N . P . D . E
A . M . C . F . H U M A N
T A B . R I O J A . O . T
E . E . A . L . L . S . S
. P R E M E D I T A T E .
```

132

```
B A C K . S C O R C H E S
R . O . I . H . E . A . O
A D D E N D A . M I N E D
N . E . D . N . U . D . A
D I S T I N C T N E S S .
I . . V . E . E . O . S .
S O F F I T . P R O N T O
H . U . D . F . A . . . L
. A C Q U A I N T A N C E
V . H . A . E . I . O . M
E A S E L . S H O R T E N
A . I . L . T . N . E . L
L E A P Y E A R . E D G Y
```

133

```
C O M A . T E T H E R E D
L . U . S . A . O . E . I
A P R O P O S . P I C K S
R . K . R . T . E . I . A
I V Y . E . E . L I P I D
F . . A G R E E . E . V .
I . Z . D . . S . S . A .
C . E . E T H O S . . N .
A L P H A . E . N . A N T
T . H . G . N . E . D . A
I D Y L L . R E S T I N G
O . R . E . Y . S . E . E
N O S E D I V E . C U R D
```

134

```
L E T S . F L A G G I N G
U . I . N . E . R . N . O
C O R P O R A . A L T A R
K . E . N . D . C . O . E
I N S U F F I C I E N T .
E . . L . N . O . E . H .
S C A R A B . T U N D R A
T . T . M . M . S . . M .
. C H A M P I O N S H I P
O . I . A . X . E . O . E
S C R U B . I N S U R E R
L . S . L . N . S . D . E
O U T W E I G H . F E U D
```

135

```
B E L I E F . M . C . M .
A . A . A N I M A T E S .
S E W . M . S . L . R . .
H . Y O D E L S . L O I N
E . E . D . I . B . N . .
S T R E W . A V I A T O R
. . S . Q . E . C . . . .
R A U C O U S . S K A T E
. B . A . I . B . V . X .
W A S P . B O L E R O . T
. T . A . B . I . . W O E
P E N D U L U M . . E . N
. D . E . E . P U N D I T
```

136

```
D O W N . C O A L E S C E
I . I . S . U . O . K . X
S E R P E N T . S T E E P
A . E . L . P . T . T . A
P A R . F U . P E C A N .
P . E . C . M . O . Y . I
E . C . M . O . . . . . V
A . O . P L U M P . . . V
R E V E L . P . E . T I E
A . E . O . B . R . R . N
N E R V Y . E N T W I N E
C . U . E . A . Y . E . S
E X P E D I T E . A R T S
```

137

```
A I D E . A S S E S S O R
N . R . S . Y . N . K . E
A B A S H E D . T R A W L
C . N . A . N . R . T . A
H I K E R . E V E R E S T
R . P . Y . P . R . I . .
O B S E S S . F R E S C O
N . H . H . B . E . . N .
I S O T O P E . N E W T S
S . W . O . E . E . R . H
T E M P T . T S U N A M I
I . A . E . L . R . P . P
C A N A R I E S . A S P S
```

138

```
R A P I D . P R O W E S S
E . E . E . R . . O . Q .
S . A . P . I . G E N U S
P I F F L I N G . F . I .
O . O . O . C . J U M B O
N E W S R E E L . L . U .
D . L . E . A . A . T . .
E . . E . S T U D E N T S
D O I N G . A . D . O . P
. T . T . S C U L P T O R
S T E R N . T . I . H . E
. E . A . I . N . E . A .
C R Y P T I C . G O R E D
```

139

```
S A P S   I M A G I N E D
H A   I   A   O   A   I
A T T E M P T   L A R K S
M   I   P   R   D   R   P
E R O D E   I K E B A N A
L   R   X   N   T   S
E N M I T Y   L E V E L S
S   A   I   I   A   I
S Y N O N Y M   G U S T O
N   A   E   P   L   T   N
E A T E N   A M E R I C A
S   E   C   L   S   R   T
S K E L E T A L   I S L E
```

140

```
S L O G   S T O M A C H S
H   W   M   H   E   U   E
O R I G A M I   T R I L L
O   N   N   E   A   S   F
T U G   U   V   P R I D E
I     F L E S H   N   V
N   S   A   Y   E   I
G   H   C A S E S   D
S C O U T   H   I   A C E
T   R   U   O   C   M   N
A S T E R   V I A D U C T
R   E   E   E   L   S   L
S T R A D D L E   R E L Y
```

141

```
  D I S R E S P E C T S
H   N   A   T   V   R   P
O   E   C A R G O   E R R
T O X I C   I   K   N   E
T   A   O   D   E N D E D
E N C L O S E D     E
M   T   N     R   P   C
P     O B L I G A T E
E E R I E   O   C   R   S
R   A   L   B   H I V E S
E A T   U N C U T   E   O
D   E   D   A   E   N   R
  A D V E N T U R O U S
```

142

```
C L A P   S T O C K A D E
O   P   F   O   A   B   F
L U R K E R S   T H I E F
L   I   E   S   E   D   E
A D L I B   E A R L I E R
B     L   D   P   N   V
O U S T E D   J I N G L E
R   H   M   S   L     S
A L A N I N E   L I L A C
T   L   N   N   A   Y   E
I D L E D   T O R S I O N
O   O   E   R   S   N   C
N O W A D A Y S   O G R E
```

143

```
R O C K   P L O D D I N G
E   O   O   A   I   R   O
D Y N A S T Y   S T E E D
E   G   T   C   L   S
P R O F E S S I O N A L
L   N   A   U   N   S
O A T   T U T O R   D I P
Y   R   A   Y   T   I
  W E L T E R W E I G H T
B   S   I   O   N   E
L A S S O   S H U T O F F
U   E   U   U   S   M   U
R E S I S T E D   H E A L
```

144

```
I C E D   A C A D E M I C
R   R   K   A   I   E   A
R E U N I O N   S P L A T
E   P   L   A   S   T   E
C U T   L   D   A X I N G
O     E X A C T   N   O
V   A   R   I   G   R
E   Q   W O R M S   I
R O U G H   E   F   S I C
A   A   A   G   I   O   A
B E T E L   G L E E F U L
L   I   E   A   D   I   L
E X C E S S E S   M A N Y
```

145

146

147

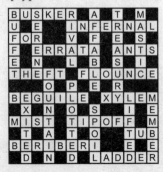

148

149

150

151

```
S A M E . C O N C E D E D
O . O . O . L . O . I . I
U N L O V E D . N O R M S
L . A . E . V . T . R . R
S I R . R S . A L I K E .
E . . . E X T O L . E . .
A . G M . . . E . . R . P
R . L . P A C K S . . . E
C O U G H . O . C . S A C
H . C . A . U . E . M . T
I R O N S . P O N T I F F
N . S . I . O . T . T . U
G U E S S I N G . T E L L
```

152

```
. C O N S E C U T I V E .
U . R . E . O . E . A . S
N . B . L U M E N . G O T
C H I E F . E . T . U . O
A . T . I O . S W E A R .
L I A I S O N S . . . Y .
L . L . H . . T . L . T .
E . . . B A S E L I N E .
D R A G S . C . M . M . L
F . L . A . I . P A P A L
O I L . L O D G E . O . E
R . A . A . I . S . P . R
. S Y N D I C A T I O N .
```

153

```
P U R I F Y . S P I R E S
U . E . U . T . A . O . L
F R A Z Z L E . R . P . U
F . B . Z . R A I D E R S
E S S A Y . M . A . . . H
D . O . . I . H O B B Y .
. . R . S E N D S . A . .
R O B O T . O . . S . Z .
I . . R . L . S M I L E .
P R O V I S O . E . L . U
P . A . D . G L O W I N G
E . R . E . Y . U . C . M
D E S E R T . A L P A C A
```

154

```
S C U B A . G A L I L E O
O . N . R . R . G . G . .
R . E . C U . P L A Y S .
C L A S H I N G . O . P .
E . R . A . G . L O O T S
R E T A I N E D . S . E .
E . H . C . . S . S . C .
R . . H . S T I L E T T O
S A V E S . R . E . R . N
. N . C . R A R E F I E D
K N O T S . S . P . D . A
E . I . H . . E . E . R .
E X A C T L Y . R I S K Y
```

155

```
D A D O . S H R U G G E D
I . R . S . A . N . R . I
S N A R I N G . F R O W N
T . M . T . G . L . W . E
U N A T T A I N A B L E .
R . . I . S . T . E . P .
B R A I N Y . S T U D I O
S . M . G . A . E . . . L
. B I O D I V E R S I T Y
S . A . U . A . I . N . G
C U B I C . T A N K F U L
U . L . K . A . G . E . O
D R E S S E R S . G R I T
```

156

```
D U P E . E S P E C I A L
O . I . I . X . M . A . .
U N A R M E D . T O P I C
B . N . M . U . I . O . K
L O O S E . C A N A S T A
E . . . A . E . G . E . D
C R U I S E . R U S S I A
R . T . U . S . I . . . I
O U T C R O P . S L I T S
S . E . A . H . H . B . I
S H R U B . E L E G I A C
E . E . L . R . R . Z . A
R E D D E N E D . T A L L
```

157

```
L A K E S I D E   T W I G
E   I   E   A   E   A
A D M I X   G Y M N A S T
N   O   T   G   P   H
    N   U   E P I S O D E
C H O P P E R   N   N   R
U   L   V       E       R
S   A   E   S P I L L E D
H A B I T A T   S   A
I   L   A   I   P   T
O R A T I O N   B O T C H
N   Z   C   L   O   I
S U E S   H E R E U P O N
```

158

```
I S S U E S   P I C N I C
S   C   N   D   N   A   O
O R E G A N O   D   P   R
B   N   C   U S E L E S S
A W A I T   B   P   E
R   R   I   L   T A U N T
    I   B E E C H   N
T R O V E   C   T   A
I   D   R   C R O W N
T O R P E D O   A   W   C
T   A   V   S A B B A T H
E   N   I   S   L   R   O
R A T T L E   V E N D O R
```

159

```
T E C T O N I C   S C A M
U   O   V   N   R   E
T E N S E   S U S T A I N
U   F   R   U   B   I
    E   P   R H O M B U S
P U R P O S E   R   Y   C
H   W   A       U
A   O   E   S I N U S E S
R E B I R T H   G   A
M   L   A   U   F   L
A V O I D E D   T R A D E
C   N   E   A   R   V
Y O G A   I D E N T I T Y
```

160

```
T R I V I A   S   P   C
E   N   M A T E R I A L
D A M   I   A   O   V
I   O P U S E S   T E E N
U   S   S   H   O   R
M I T E S   S E I Z I N G
    M   K   D   O
B I G B A N G   M A J O R
  D   O   O   B   U   E
G I L L   W A L K E D   D
  O   D   H   E   G O D
E M P E R O R S   E   E
  S   N   W   S E A S O N
```

161

```
S E C T   P A C I F I S M
E   R   D   C   N   M   I
L O U T I S H   D U P E S
F   M   C   I   E   R   M
C O B   T   N   F L O R A
O       A R G U E   V   N
N   S   T   N   E   A
T   C   O B O E S     G
A B H O R   I   R U E
I   E   S   T   B   E   M
N O R T H   R E L E A S E
E   Z   I   U   E   L   N
D R O O P I N G   E M I T
```

162

```
S T R I F E   S T A V E S
I   E   R   C   O   I   E
M A C B E T H   P   S   C
I   H   S   R A M P A N T
L E A S H   O   O   O
E   R   N   S O B E R
    G   A B O U T   E
S N E E R   M   L   S
U   C   E   M O I S T
P O T S H O T   E   E   I
I   A   W   E N L I V E N
N   N   A   R   T   E   T
E S S A Y S   O S I R I S
```

163

```
W A S H E S . . M . P . W
A . I . . T R O P I C A L
G I G . O . N . Z . S . .
E . H Y B R I D . Z E T A
R . T . E . A . E . E . .
S A S S Y . C Y P R E S S
. . Q . S . S . I . . . .
S T A U N C H . K A R T S
H . I . A . Q . I . T . .
D E E R . T R A I T S . I
. F . R . T . T . . K E N
E T C E T E R A . . E . G
. S . L . R . R O N D O S
```

164

```
R I B B E D . A C C O R D
A . O . N . A . L . O . O
P R O V E R B . E . Z . C
I . S . M . S U R F E I T
D I T T Y . T . I . O . .
S . . I . R . C O W E R .
. N . P L A N S . A . T .
A N G E L . C . T . R . .
T . . . U . T . M A C R O
R O M A N I A . O . H . U
I . U . G . R E G R E S S
U . S E . T . U . R . E .
M A K E D O . C L O S E D
```

165

```
A R C T I C . E . A . P .
M . L . H O N E S T L Y .
A W E . I . S . T . A . .
Z . A L U M N I . E V I L
E . N . E . G . R . C . .
D U S T Y . E N D O W E D
. . E . F . S . I . . . .
E L I X I R S . E D U C E
I . T . A . S . N . . F .
S C A B . N U C L E I . F
K . O . T . A . . T O O .
H E D O N I S M . E . R .
. D . K . C . P R E S E T
```

166

```
O C C U P I E D . P A T H
V . O . E . V . . B . U .
E A S E D . A C C L A I M
N . I . E . D . . C . I .
N . . S . E X P O U N D .
S H E E T E D . E . S . I
H . . A . R . . R . . . T
E . A L . A F F A B L Y .
P E G A S U S . O . R . .
H . E . S . R . U . F . .
E M I R A T E . M E T A L
R . N . N . E . A . E . .
D O G S . S T A R T L E D
```

167

```
L A M I N A . P . C . A .
A . O . M E R M A I D S .
B A R . A . E . N . V . .
E . S I Z Z L E . B R I G
L . E . E . N . E . C . .
S A L E S . D E C R E E D
. . N . A . D . R . . . .
D I S C U S S . G A P E D
C . L . E . L . E . E . .
R E D O . P A I N T S . S
A . S . T . N . . T A P .
A G R E E I N G . L . O .
E . S . C . O B J E C T .
```

168

```
. U N S U P P O R T E D .
B . E . N . U . E . D . S
I . A . L I B R A . I M P
B A T H E . L . C . F . R
L . E . A . I . T H Y M E
I N S T R U C T . . . A .
O . T . N . . F . H . D .
P . . . S T A R G A Z E .
H O W L S . R . O . L . A
I . A . T . U . W R O N G
L O T . R A D O N . G . L
E . C . O . G . E . E . E
. S H E P H E R D I N G .
```

169

```
B E H E M O T H   S P U R
R   E   I     E   A   E
A M A S S   N O N P L U S
S   D   B   D     T   O
    O   E   O V E R R A N
L A N O L I N   X   Y   A N
I     I     I   C       A N
N   A E   A G A I N S T
C H U F F E D   V   A
H   P     J   A S     V
P L A T E A U   T A S T E
I   I     S   O   A   N
N E R D   S T A R D U S T
```

170

```
I M P S   S P R I N T E R
N   L   C O   N   E   E
S T A R L E T   D U R U M
I   I   A   A   I   R   O
G U T   I T   S H A F T
N       R O O S T   C   E
I   E   V   I   E   C O
F   L   O R I O N   N   C
I C I L Y   N   C   C O N
C   T   A   S   T   O   T
A L I G N   A L L O V E R
N   S   C   N   Y   E   O
T A T T E R E D   O R A L
```

171

```
P A S T R Y   B I O T I C
I   T   O   I   N   O   L
C R E W M A N   R   L   A
K   A   E   D O O D L E S
L I M B O   I   A   S   S
E   I   V   D O D G Y
    N   G A I N S   O
A U G E R   S   W   R
R   O   I   M A N N A
C O U L O M B   O   T   N
H   R   M   L O O K I N G
E   E   E   N   M   E
R O U N D S   E S T E R S
```

172

```
Z A M B I A   S   A   A
E   A     S T A R V I N G
P I P     P   W   I   V
H   L A T E L Y   A R I D
Y   E   N   E   T   L
R I S K S   A R M R E S T
    N   F   S   I
C A L O R I E   E X U L T
  B   C   G   T   N   U
F L A K   H E R O I C   M
O   I   T   U     L A B
H O R N B E A M   E   L
  M   G   R   P U R S U E
```

173

```
G U L L   S P L A T T E R
O   O   I   R   P W   E
O R G A N Z A   P R I S M
D   I   C   Y   R   S   O
N A C H O   E L E C T O R
A   N   D   C   E   S
T H R I V E   G I R D L E
U   E   E   A   A   L
R E M I N D S   T R A C E
E   O   I   C   I   D S
D O D G E   E N V I O U S
L   E   N   N   E   R L
Y U L E T I D E   E N V Y
```

174

```
B I D S   C H E A P E S T
O   A   B   A   R   X   O
B A T T E N S   R E P L Y
W   U   L   A   O   S
H O M E L E S S N E S S
I   I   C   G   E   K
T O N   G L A R E   S H E
E   A   E   R   M   S
    M I S R E P R E S E N T
E   R   E   N   R   R
A C O R N   S I T U A T E
S   B   C   E   S   S L
E M I N E N C E   K E Y S
```

175

```
C O A X . E N A C T I N G
O . P . H . U . O . N . O
M O P P I N G . N O V E L
B . L . E . G . S . O . D
A R E . R E T . T W I C E
T . . O U T E R . C . N .
I . A . G . . . U . E . J
V . N . L Y R I C . . . .
E V E R Y . A . T . S O B
N . M . P . F . I . A . I
E P O C H . F R O N T A L
S . N . I . L . N . I . E
S K E T C H E S . A N T E
```

176

```
P U L P . D E S P A I R S
E . O . P . L . A . N . E
D I S T U R B . R I G H T
E . E . R . O . S . R . S
S C R I P T W R I T E R .
T . O . S . M . S . R . .
A L M O S T . M O U S S E
L . I . E . A . N . . . N
. O L D F A S H I O N E D
E . L . U . T . O . O . E
T W I R L . E Q U A T O R
N . O . L . R . S . C . E
A N N O Y I N G . C H A D
```

177

```
G H O U L . E M P I R E S
E . R . O . S . C . . . S
R . A . G . T . G A I T S
M Y T H I C A L . R . E .
I . O . C . T . P U R R S
N A R R A T E S . S . U .
A . Y . L . T . M . . . B
T . T . P L A Y R O O M .
E X I S T . O . P . D . E
. E . E S U P E R I O R .
K N I T S . V . S . C . G
. O . S . R . E . U . E .
I N V E R S E . T I M I D
```

178

```
F E D O R A . B . O . A .
A . E . . S N O W B A L L
B U N . I . U . S . W . .
L . V A N D A L . E X A M
E . E . E . D . S . Y . .
D A R T S . P E R S I S T
. . W . D . R . E . . . .
S C H E M E R . A D A G E
A . N . C . C . K . . . X
G N A T . A G O U T I . P
O . I . P . D . . M O O .
E N V E L O P E . B . S .
S . S . . D . R E V O K E
```

179

```
S P U R I O U S . I C E S
O . N . N . N . . O . T .
M E D I A . B E G O N I A
E . O . U . E . . G . R .
. . E . G . N E P H E W S
U N S O U N D . A . R . I
N . . R . . . R . . . G .
E . O . A . S I T D O W N
R E P U L S E . R . R . .
R . E . . E . I . A . I .
I G N I T E S . D E C O R
N . L . . A . G . L . I .
G U Y S . S W E E P E R S
```

180

```
E A T S . C L E A N C U T
Y . U . S E R . O . O . O
E E R I E S T . O X B O W
P . N . L . T . M . B . N
I N S U F F E R A B L E .
E . . L . R . T . E . A .
C O P I E D . C H A S E D
E . R . S . O . E . . . H
. C O N S I D E R A B L E
A . B . N . D . A . L . R
G R A T E . S U P P O S E
E . T . S O Y . A . N . .
D R E S S I N G . S T E T
```

181

182

183

184

185

186

187

```
O V O I D S . S Q U E A K
D . V . O . P . U . R . A
D R E S S E R . A . N . A
E . R . E E A R N E R S . N
S E C T S . C . R . . . A
T . A . . I . E V I L S .
. . S . L A P E L . N . .
M O T T O . I . . . S . E
O . . C . T . K N O W N .
V I B R A T O . I . M . Z
I . I . T . U N C A N N Y
N . L . E . S . K . I . M
G R E E D Y . E S C A P E
```

188

```
A C H Y . T W I S T I N G
C . A . U . O . H . C . E
C H I G N O N . O C E A N
U . K . V . R . C . E . E
S T U P E F A C T I O N .
T . R . L . C . L . . . R
O R B . I R I S H . D O E
M . E . F . B . A . . . C
. A D D I T I O N A L L Y
I . B . A . . G . E . . C
T H U M B . C H E R V I L
E . G . L . O . D . E . E
M A S T E R L Y . I L L S
```

189

```
G E M S T O N E . Z I N C
O . A . H . E . . R . . L
B U Y E R . P A P R I K A
I . H . A . H . . S . . P
. E . S . E N T R E A T .
S O M E H O W . H S . R .
E . . I . . E . . E . A .
R . V . N . A I R S H I P
E M E R G E D . E . O . .
N . E . . . U . F . B . F
A E R O S O L . O W N E R
D . . E . . T . R . O . E
E D D Y . A S S E M B L E
```

190

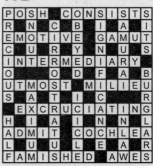

```
T A S K . S C A B B A R D
A . T . A . O . R . N . U
B R O A D L Y . A N N U L
L . I . V . O . I . E . L
E N C H A N T I N G L Y .
T . . N . E . W . I . . P
O R N A T E . C A N D L E
P . O . A . R . S . . . L
. B I O G R A P H I C A L
F . S . E . N . I . A . U
A M I G O . K I N E T I C
T . E . U . L . G . C . I
S T R E S S E D . S H E D
```

191

```
A T H E N A . U . R . R .
V . E . . G E S T U R E S
A L L . A . U . M . T . .
I . . P E P P E R . B L I P
L . E . E . P . L . N . .
S A D L Y . S E M I N A L
. . E . D . D . N . . . .
M A R C H E D . A G A T E
. M . T . P . L . B . V .
T O F U . E P O C H S . O
. U . R . N . A . O W L .
U N N E E D E D . R . V .
. T . R . S . S T A B L E
```

192

```
P O S H . C O N S I S T S
R . N . C . B . I . A . .
E M O T I V E . G A M U T
C . U . R . Y . N . U . S
I N T E R M E D I A R Y .
O . . O . D . F . A . . B
U T M O S T . M I L I E U
S . A . T . I . C . . . R
. E X C R U C I A T I N G
H . I . A . I . N . N . L
A D M I T . C O C H L E A
L . U . U . L . E . A . R
F A M I S H E D . A W E S
```

193

```
S O F A . B E W I L D E R
Q . E . B G . M E . I
U N D E R G O . P A V E D
A . U . O . O . E . E
R E P E T I T I V E L Y .
E . . H . I . E . O C
L U G . E N T E R . P E A
Y . R . R . H . I . R
. B U S I N E S S L I K E .
A . B . N . H . N . F
R E B E L . S L E N D E R
C . E . A . A . D . E
S I D E W A Y S . A X L E
```

194

```
C O R N . S T I C K I N G
Y . E . R H . O M . A
C O L L E G E . N E P A L
L . I . F S . C U . E
I N C O R R I G I B L E .
C . I . S L . S I
A L L E G E . P I G E O N
L . E . E E . A . V
. U N P R O F I T A B L E
L . I . A F I . E . R
A V E R T . A M O U N T S
I . N . O C . N . C E
R E T O R T E D . O H M S
```

195

```
R A N K . M A S S E U S E
E . I . C S . H T . X
F A C T O R S . A L O H A
R . H . N I . R P . G
I N E R T . S A P L I N G
G . . T R . T . A E
E A R W I G . M O A N E R
R . U . B S . N A
A S S A U L T . G R A N T
T . S . T A . U D . E
O R I B I . D R E A D E D
R . A . O I . D L . L
S O N I N L A W . D E N Y
```

196

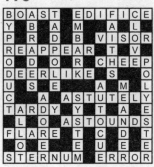

```
B O A S T . E D I F I C E
Y . B . A M . A L
P . R D B . V I S O R
R E A P P E A R . T . V
O . D O R . C H E E P
D E E R L I K E . S . O
U . S E . A M . L
C . A . A S T U T E L Y
T A R D Y . Y T . A E
. L O . A S T O U N D S
F L A R E . T C . D T
O . E . E U . E E
S T E R N U M . E R R O R
```

197

```
R A K E . R A C C O O N S
E . N . C N A . V . I
P R O L O N G . T R E A D
A . L I E . A R . E
R E L E N T L E S S L Y .
T . C . S T . A B
E L I C I T . D R A P E R
E . T D D . O . I
. N A M E D R O P P I N G
M . L . N E H . M . H
E D I C T . S N I P P E T
A . C . A S C . E E
D I S P L A Y S . G L E N
```

198

```
A R R I V A L S . V O I D
R . U E U . S . A
M A S O N . N U L L I F Y
S . H . T G . E . D
. E . I . E M P E R O R
C U D D L E S . E S . E
A . A . R . A
S . D T . B A P T I S M
T R I R E M E . E . N
I . S . C T J . S
R O T U N D A . U S U A L
O . I . L A R . I
N I L E . S M A L L E S T
```

199

```
D I P S   A T T A C K E R
O   A   P   I   L   I   E
G E N E R I C   P A N D A
M   I   I     H   D     M
A C C I D E N T A L L Y
T     E   O   B   E     H
I L K   O Z O N E   D U E
C   N   F   S   T     A
  S I M P L E M I N D E D
V   T   L     C   E   G
E X T R A   E X A M P L E
R   E   C   V   L   O   A
B A D G E R E D   S T I R
```

200

```
M Y S T I C A L   A P E D
A   I   N   C       O   E
P A G E S   T U N N E L S
S   N   I   I       T   S
    A   N   V A M P I R E
V U L T U R E   O   C   R
I   G       A   T       T
G   O T   S C H I S M S
O F F B E A T   E   A   E
R   F   R     A   C   E
O P E R A T E   T H R O W
U   N   S     E   U   E
S U D S   T S U N A M I S
```